Alfonso Gálvez

EL MISTERIO DE
LA ORACIÓN

New Jersey
U.S.A. - 2024

CATALOGING DATA

Author: Gálvez, Alfonso, 1932–2022
Title: El Misterio de la Oración

First Printing   New Jersey, 2014
Second Printing   New Jersey, 2024

Library of Congress Control Number: 2024918613

ISBN: 978-1-953170-45-3
978-1-953170-46-0 (e-book)

**Published by
Shoreless Lake Press
P.O. Box 157
Stewartsville, New Jersey 08886**

Este libro está dedicado a los pocos fieles que aún permanecen e integran la Iglesia Católica que vive en las catacumbas. No a la que ha de venir en un futuro, sino a la que es ya una realidad entre nosotros.

NOTA PREVIA DEL AUTOR

Nací a la vida sobrenatural dentro de la Iglesia Católica Apostólica y Romana a la que considero única y verdadera Iglesia fundada por Jesucristo. En cuyo seno espero de la bondad y misericordia de Dios la gracia de morir como humilde hijo suyo. Con frecuencia hay que decir o escribir cosas que no porque sea innecesario decirlas, pierden la necesidad de ser repetidas. Una vez leído el contenido de este libro no hacía ninguna falta insistir, puesto que queda bien claro que he pretendido ser fiel en todo momento a la Doctrina de siempre de la Iglesia Católica: a la contenida en la Sagrada Escritura y en la Tradición, tal como siempre fue interpretada por los Santos Padres y por el Magisterio de la Iglesia. Si algo de lo dicho en este libro, no obstante esta pública profesión de fe, fuera descubierto como ajeno a esa Doctrina, téngase por falso y por no dicho, además de como enteramente ajeno a mi voluntad y puro producto de mi ignorancia. Con todo, me ha parecido necesario introducir esta Nota Previa en la edición inglesa, después de que por simple descuido olvidé de hacerlo en la obra original.

4

Como cualquier lector medianamente entendido podrá apreciar, el contenido del libro es difícil, original en alguno aspectos con respecto a lo siempre mantenido en los manuales clásicos y susceptible, por lo tanto, de discusión al menos en algunos puntos. A lo cual hay que añadir, como confieso en el libro, que carezco de experiencia personal en cuanto a la oración mística se refiere, lo que añade otro punto de vulnerabilidad a este trabajo. Sin embargo tengo especial interés en insistir en algunos puntos de los contenidos en el libro.

En primer lugar, yo no pretendo criticar ni innovar nada con respecto a la doctrina de dos místicos tan excelsos como San Juan de la Cruz y Santa Teresa de Jesús, a los que admiro y de los que siempre he sido especialmente devoto. Sólo he intentado tratar de presentar, de modo más *asequible* e inteligible al hombre de hoy, sus doctrinas tal como siempre fueron entendidas. Bien entendido que *asequible* no significa adaptación a las filosofías modernas del momento. Yo solamente he tratado de *presentar*, en un lenguaje más del uso del hombre actual, pero sin variar un ápice de su contenido, puntos doctrinales que fueron escritos en el lenguaje y según el espíritu de una época y que ahora pueden parecer especialmente difíciles de entender y de aceptar.

Especial interés he puesto en tratar de aclarar algunos puntos de la doctrina sanjuanista referente a las *Noches* del sentido y del espíritu, cuya singular dureza pueden amedrentar a almas pusilánimes de hoy día. Al fin y al cabo pertenecientes a un mundo que hace tiempo dejó de creer en la conveniencia de la práctica de las virtudes ascéticas, en la necesidad de la purificación, de la penitencia y de la aceptación de la *senda estrecha*, como únicos caminos que conducen a la Cruz cual instrumento de progreso en la oración, de salvación y de acercamiento a Jesucristo. Solamente existe un punto en el que expreso mi abierta discrepancia con la doctrina de San Juan de la Cruz. Y me refiero a la doctrina del Santo según la cual es absolutamente necesario incluso el abandono de la *idea* de la Humanidad de Jesucristo, como medio indispable para llegar a una total identificación con la vida divina, a través de los grados más elevados de la oración. De todos modos el tema pertenece al acervo de las cosas dejadas a la libre investigación y discusión de los teólogos y pensadores, aparte de que dejo bien claro que San Juan de la Cruz es un Santo y un Doctor de la Iglesia mientras que yo, sin embargo, soy un simple aprendiz y un aficionado. Por eso pongo cuidado en dar paso a la probable posibilidad de que, o bien yo no haya entendido al Santo, o bien de que yo esté completamente equivocado.

Aún tengo más interés en resaltar que estoy enteramente alejado de doctrinas tales como las de los iluministas, pentecontalistas, carismáticos y Movimientos similares, cuyas ideas considero que nada tienen que ver con la Iglesia Católica y son enteramente ajenas a la Verdad. Personalmente he sentido siempre particular repugnancia hacia el iluminismo y Movimientos carismáticos, cuyos orígenes y procedimientos gnósticos y protestantes los hacen particularmente rechazables. No existe inspiración alguna del Espíritu, ni gracia proveniente de lo Alto, que no transciendan lo meramente subjetivo del individuo y no discurran dentro de los cauces de la recta Doctrina Católica.

Creo que dejo bien claro en el libro que nadie debe atreverse a adentrarse por los difíciles caminos de la oración mística si no se somete previamente al control de una seria y segura dirección espiritual. Y que nadie debe atenerse solamente a sus propios y personales criterios cuando se trate de *inspiraciones* que, después de todo, quizá no sean sino mero producto de la propia imaginación.

Por lo demás, no trato de imponer doctrinas a nadie. Las ideas expuestas en este libro son meras sugerencias mías, expuestas al criterio y reflexión de aquellas personas de buena voluntad que las consideren merecedoras de ser consideradas.

Primera Parte

Acerca de la Oración

1. Introducción

Ante todo, he de advertir que lo que se va a decir en este libro se refiere exclusivamente a la oración mental, salvo que en algún caso se haga expresa referencia a la oración vocal. Intencionadamente he encabezado el título con la preposición *acerca de*, inducido no por otra cosa que por la honradez y el amor a la verdad. Porque hablar de *la oración*, dicho así llanamente, es cosa prácticamente imposible. Cualquier autor, aun animado de las mejores intenciones, una vez que emprende la elaboración de un tratado sobre el tema de la oración —y yo he sido uno de ellos—, anda lejos de sospechar que no va a lograr superar el nivel de lo meramente superficial.

Con respecto a la tarea, el único resultado probable que se puede esperar de ella se reduce a una serie de rodeos y circunloquios, de elucubraciones y tecnicismos con pretensiones de decir algo, pero que en realidad no llegan más allá de una aproximación al tema. Los bondadosos lectores creerán que con ella han aprendido algo, y hasta cabe que el libro obtenga éxito y encuentre un buen número de público dispuesto a leerlo. La verdad, sin embargo, es que explicar en lo que consiste la *esencia* de la oración y lo que realmente ocurre *en ella* —o *dentro de ella*—, pertenece a un terreno vedado para el común y que solamente conocen los que, por gracia de Dios, andan por él. No importa que el autor esté convencido de que está hablando de la verdadera esencia de la oración. Ni que los ingenuos lectores piensen que han adquirido el conocimiento de algo sustancial, cuando en realidad no han hecho sino dar vueltas a la periferia del tema.[1]

Siempre fui un gran admirador y un ferviente devoto de Santa Teresa de Ávila, o lo que hoy llamaríamos un auténtico *fan*. Ya desde los tiempos en los que acababa mi adolescencia leía con avidez todos sus libros. Aunque he de reconocer que, tanto *El Castillo Interior o Las Moradas*, que siempre me ha parecido el mejor libro que se ha escrito sobre la oración (a pesar de su profundidad, que a mí me lo hacía difícil), como su *Autobiografía*, eran los que suscitaban mis mayores entusiasmos.

---

[1]Salvo que alguno de ellos reciba de Dios las gracias extraordinarias propias de la oración contemplativa, puesto que solamente cuando se practica y experimenta la verdadera oración es posible conocerla.

En realidad fue ella quien me hizo descubrir el mundo fantástico y maravilloso —para mí hasta entonces desconocido— de lo que quizá sería la relación amorosa con Dios, junto al inexpresable diálogo de amor entre dos enamorados que en este caso serían Dios y el hombre. Si ya el diálogo entre dos amantes humanos (dentro del ámbito de lo que es el verdadero amor), se muestra inefable e ininteligible para cualquier extraño, era de esperar, por lo tanto, que el de Dios con su criatura apareciera como inaccesible e inimaginable para cualquier ser humano. Transcurridos muchos años comprendí que aquella juvenil intuición había acertado con la verdad. ¡Y sin embargo, aún me faltaba demasiado para acercarme a una luz que ahora si apenas veo en lontananza, para darme cuenta al fin que todavía no he comprendido nada...!

Pero aquello fue para mí como si hubiera aterrizado en otro planeta. Hasta el punto de que la vida adquirió desde entonces un nuevo sentido para las perspectivas de mi existencia. Siempre Dios no había sido otra cosa, para un jovenzuelo como era yo, que el Ser Infinito y Bueno al que acudir en caso de necesidad y al que además yo nunca había sentido dificultad en amar (bien que a mi modo), independientemente de las exigencias del Primer Mandamiento y sin plantearme mayores problemas que pudieran complicarme la vida.

Fue entonces cuando de pronto descubrí que Dios quería ser mi amigo, que yo podría amarlo hasta el más loco enamoramiento y que Él podría igualmente prendarse de mí. Lo que me abría las puertas de un mundo al que podría entrar para recorrer los apartados senderos por los que andaban los enamorados; sin duda que murmurando mutuamente en susurros lo que de por sí resultaría inefable para cualquiera otro. Todo lo cual, si bien fue demasiado fuerte para mi entendimiento y para mi corazón, me proporcionó la respuesta a la pregunta que tan a menudo me había formulado a mí mismo: si acaso la vida poseía algún sentido. Cuestión para la cual jamás había encontrado solución alguna.

Fue cuando empecé a sospechar que tal vez podía ser la oración el vehículo conducente a la maravillosa e inexpresable locura del *tú* a *tú* entre Dios y su criatura. Ni más ni menos que la espléndida aventura de dos ardientes enamorados cuya relación de amor, con los inextricables secretos ocurridos entre ellos, seguramente serían *imposibles de transcribir*.

Y efectivamente, porque fue bastante después cuando me di cuenta de que mis sospechas de juventud estaban bien fundadas, pues realmente era imposible explicar, de la manera que fuera, el modo en que todo esto podría llevarse a cabo. *Por eso dije al principio que era imposible hablar de la esencia, o de aquello en lo que consiste la oración contemplativa.* Estoy convencido de que los escritores espirituales han dado *gato por liebre* con frecuencia a sus lectores: explicando los diversos métodos y procedimientos de la oración, sus diferentes clases y elementos y su puesto correspondiente en los sucesivos grados de la vida espiritual, las dificultades que pueden presentarse y el modo de combatirlas, etc., etc. Todo lo cual, sin embargo, nos deja sin conocer el verdadero meollo y el auténtico secreto de la oración. Pues no son muchos los dispuestos a reconocer que no son capaces de desentrañar el contenido de una cosa cuya verdadera esencia, o bien no la conocen, o bien se han dado cuenta al fin de que tal misterio, salvo especiales gracias de Dios, es enteramente inaccesible al entendimiento humano.

Así se explica el gracioso incidente que me ocurrió en mi juventud con Santa Teresa de Jesús, mi santa favorita y a la que tanto cariño profeso. Apenas había abandonado la adolescencia cuando leí por primera vez *El Camino de Perfección,* cuyo hallazgo supuso para mí una agradable sorpresa, que además fue en aumento cuando comencé su lectura y descubrí que la Santa iba a explicar en lo que consistía la vida contemplativa: ¡Nada menos que la vida contemplativa...! ¡Y con tal Maestra...! Me pareció tan maravilloso como para considerarlo un increíble e inesperado regalo. Por lo que me dispuse enseguida a conocer y saborear uno de los misterios que más habían estado intrigando y estremeciendo mi corazón. ¡Por fin...! La verdad es que cuando uno es joven se encuentra dispuesto a *creerlo todo*. El mundo parece maravilloso y todo induce a pensar que en él abunda lo bueno, lo bello y lo verdadero. Claro que, cuando llegamos a viejos, adoptamos la cautelosa postura, a veces inconscientemente, de *no creer nada, o casi nada* de lo que el mundo nos ofrece. Y por supuesto que ambas actitudes están equivocadas. Pues, aunque no todo es verdad ni todo es mentira, es mejor adoptar una posición de prudente cautela que nos permita ejercitar la capacidad de juicio de un modo objetivo y aprovechado. Para lo cual todo induce a creer que estamos mejor dotados cuando, a través de los años acumulados, vamos adquiriendo un mayor acopio de sabiduría y una mayor facilidad en el modo de juzgar con serenidad.

Cuando ocurrió el episodio al que me estoy refiriendo era yo más bien joven, tal como he dicho. Por eso no dudé un momento en que al fin iba a acceder al gran secreto que por tanto tiempo había deseado conocer. Aunque pronto descubrí que estaba equivocado. Véase lo que sucedió.

A medida que pasaban las páginas del libro iba aumentando mi impaciencia por conocer lo que más me importaba, que no era sino lo que la Santa había prometido.

Para mi desilusión, sin embargo, comprobé que ella se iba extendiendo en prolijas explicaciones acerca de las diversas peticiones contenidas en la oración del *Padre Nuestro*. Hasta que por fin llegué al final, ¡y la oración contemplativa no había aparecido por ninguna parte...! Fue una de las muchas ocasiones en que la Santa de Ávila, mi gran favorita, me hizo sonreír con sus escritos. Por eso estoy convencido, si Dios tiene a bien hacer alarde de su infinita bondad con respecto a mí, de que algún día en el Cielo llegaremos a conocernos para poder reír y comentar juntos muchas cosas de sus escritos.[2] Pues reconozco que la suspicacia e inclinación de mi natural modo de ser me han hecho dudar a menudo —cariñosamente, por supuesto— de algunos de sus dichos. Por eso me he divertido con frecuencia a propósito de las sospechas que mi malevolencia se inventaba: ¿Realmente la Santa escribía los hechos de su vida *obligada* siempre por sus confesores, sin que mediara ninguna influencia —inconsciente, seguramente— por

---

[2]Pienso que en el Cielo, aunque ante la visión de la Verdad Saciativa de la que hablaba Santo Tomás no quede mucho por aclarar, quizá, en el seno de la Eterna Beatitud experimentemos sentimientos parecidos a los de los *hobbits*, tal como se cuenta en la saga de Tolkien. Y me refiero al placer de volver a contar y gozar de historias harto conocidas, sin olvidar la ganancia y placer que aportaban a nuestra imaginación las fantasías de tan interesantes narraciones.

parte de ella...? Y en cuanto a sus numerosas *recaídas* en
faltas, con vuelta a empezar, ¿eran realmente tan graves y
frecuentes como ella las cuenta...? Y así sucesivamente. Lo
cual, aunque parezca extraño, aumentaba mi admiración
y cariño hacia aquella extraordinaria mujer. Con todo, la
honradez me obliga a dar por terminado este paréntesis
haciendo una confesión: es cierto que nunca tuve razón
en mis estúpidas y cariñosas sospechas. Pero veamos sin
embargo, lo que piensan ustedes: ¿ni siquiera hubo algo
de beneficiosa influencia sobre sus confesores, siquiera alguna vez sin pretenderlo, o alguna leve exageración en la
insistencia acerca de sus faltas...?

El caso es que no pude dejar de sonreír cuando cerré
por última vez *El Camino de Perfección*. Y me fue imposible dejar de establecer un gracioso paralelismo entre
él y el conocido poema *La Cena Jocosa*, de Baltasar del
Alcázar.[3]

No desearía que algún malintencionado creyera adivi-
nar alguna irreverencia por mi parte hacia la Santa de
Ávila. Se trata solamente de la semejanza existente entre
el final de las dos situaciones (la del libro y la pintada en

---

[3]Baltasar del Alcázar (1530–1606) fue un poeta español del Siglo de
Oro, que sirvió al primer Marqués de Santa Cruz y cuyas obras jamás
tuvo intención de publicar. El pintor Francisco Pacheco copió el único
manuscrito que se conservaba y pintó su retrato.

el poema), aunque ambas sean de un signo tan diferente, que es lo que me induce a hacer una breve alusión a la cena que tan jocosamente describe Baltasar del Alcázar.

Comienza el poeta informándonos de que reside en Jaén, ciudad donde también asentaba sus reales el caballero Don Lope de Sosa y al cual servía un criado de nacionalidad portuguesa. Pero resulta que al tal caballero le ocurrió una interesante aventura que el poeta se disponía a contar a su hermana Inés, cosa que hace en su conocido poema:

> *Y diréte, Inés, la cosa,*
> *más brava dél que has oído.*

Dada la hora que corría, sin embargo, al poeta le apetece primero comenzar la cena, la cual, por otra parte, ya estaba dispuesta por su hermana. Lo que le da ocasión para describir, en forma minuciosa y detallada, la cena más copiosa, abundante, jugosa, deleitable y regocijante que imaginarse pueda. Desgraciadamente, al acabarla había pasado el tiempo y sonado ya las once de la noche. Ni más ni menos que como lo cuenta el poeta:

Pues sabrás, Inés hermana,
que el Portugués cayó enfermo...
Las once dan, yo me duermo,
quédese para mañana.

Y así fue como acabaron ambas historias.

Por otra parte, ¿qué es lo que podría explicar Santa
Teresa...? Ya nos dijo bastante, agotadas todas las posibilidades del lenguaje humano, en la *Historia de su Vida*;
y también en *El Castillo Interior*, cuya fatigosa descripción de los intrincados y tortuosos senderos de los ámbitos
más interiores de la misteriosa fortaleza se hace difícil para
lectores poco iniciados.

2. La oración contemplativa

Las pocas frases que a lo largo de sus obras Santa Teresa cita de sus conversaciones con Dios, y especialmente las
palabras dirigidas por Dios a ella, corresponden a lo que
yo llamaría *lenguaje ocasional*, destinado generalmente a
disipar los temores de la Santa o a despachar alguna di-
ligencia, más que a narrar las conversaciones íntimas que
tuvieron lugar entre ambos.

Y es que el diálogo amoroso —y más especialmente y sobre todo el divino–humano— se *agota* y se *concluye* una vez que ha sido escuchado por cada uno de los amantes. Que, en nuestro caso, son Dios y la criatura.[4] Lo que cada uno dice al otro, sería ininteligible para alguien ajeno a la relación. Dado que, siendo el amor la realidad más íntima y esencialmente *personal* que existe, llevada a cabo entre un *tú* y un *yo* junto al amor que los une,[5] es inaccesible a *terceros*.

El Diálogo se convierte así en el paradigma de cualquier comunicación entre los hombres, si bien sólo cuando adquiere la condición de un *segundo analogado*, o analo-

---

[4]Cualquier diálogo amoroso humano, aun el que está animado por el mejor y más verdadero amor, tiene su punto de referencia como *primer analogado* en el diálogo divino–humano. Único lugar donde le es permitido al hombre participar, siquiera sea de alguna forma, en el misterioso y eterno Diálogo de Amor que tiene lugar en el Seno de la Trinidad. Como ya se habrá comprendido, aquí nos estamos refiriendo exclusivamente al diálogo divino–humano, al que, a modo de simplificación, hemos convertido en llamar oración contemplativa.

[5]En este sentido, el amor sería siempre *bipersonal, recíproco y bilateral*. El Amor Esencial, sin embargo, es *Tripersonal*, dado que el vínculo que une al Padre y al Hijo es también una Persona. Aunque a la criatura solamente le es posible mantener una relación con el Padre a través de la relación de íntima y directa amistad con el Hijo, llevada a cabo a su vez mediante la guía y el *Hilo conductor–inductor* que es el Espíritu Santo.

gado de segundo o tercer grado. Mientras que el Diálogo colectivo, a su vez, solamente tiene sentido y es eficaz cuando está fundamentado en los anteriores; que es la razón del fracaso del *diálogo*, al que tan machaconamente se alude (tanto en el mundo civil como en el eclesiástico) y que con tanta frecuencia es considerado como el instrumento mágico para resolver toda clase de divergencias humanas. Algunas de estas cualidades del verdadero diálogo están bellamente expresadas en el verso, puesto en boca de la esposa:

> *Mi Amado, las estrellas,*
> *el mar que besan proas de mil naves,*
> *los ojos de doncellas,*
> *el canto de las aves,*
> *aquello que te dije y que tú sabes.*[6]

Aquello que te dije y que tú sabes. Efectivamente, porque solamente la persona amada, a quien va dirigido el dicho amoroso, lo puede oír y entender. De otra forma perdería su intimidad y su secreto y con ellos el misterio

---

[6]En esta edición, se han citado los poemas del texto, según la versión actualizada de los mismos en Alfonso Gálvez, *Cantos del Final del Camino*, Shoreless Lake Press, 2020. En adelante *CFC*. Para esta estrofa, *CFC*, 67.

de su contenido y aun el contenido mismo. El diálogo amoroso, siempre y en todo caso, va dirigido desde un *yo* a un
tú y es correspondido recíprocamente. Y no puede ser de
otra manera. La razón no es otra sino que, tal como sucede en la relación amorosa, el amante se entrega *total e íntegramente*
al amado, y lo mismo en reciprocidad.[7] Existe además el
hecho de que cualquier otra relación de amor (extraña a la
relación amorosa divino–humana) quedaría imposibilitada
en su misma esencia, o al menos por lo que se refiere a su
entera perfección, como sería el caso de las legítimas relaciones amorosas conyugales, paterno–filiales, fraternales,
de amistad etc. Las situaciones intrínsecamente perversas
en general (originadas en el falso amor), y también aqué-
llas a las que los autores ascéticos y espirituales llaman
meramente *afecciones desordenadas* o semejantes, ni siquiera entran en esta consideración.

De ahí el hecho, del que tantas veces se ha hablado,
de que en la relación de amor divino–humana, la criatura
busque ansiosamente el silencio y la soledad, una vez que le

---

[7]Dios, Ser Perfecto e Infinito, podría darse en totalidad a cada ser
humano individualmente. Pero no puede hacer lo mismo el hombre con
cualquier otra relación que pudiera sostener, y de ahí la necesidad del
Amarás al Señor tu Dios, con todo tu corazón, con todas tus fuerzas,
etc.

ha sido otorgada la gracia de la oración contemplativa. Es absolutamente cierto que, para que pueda llevarse a efecto esta clase de oración, *son necesarios tanto el silencio como el aislamiento de las demás cosas.*[8] Tal como lo insinúa el siguiente verso:

> *Siguiendo a los pastores,*
> *llegué adonde el Amado me esperaba*
> *oculto en los alcores;*
> *y, mientras que me hablaba,*
> *el aire sus susurros aventaba.*[9]

Donde es de notar que los amantes, a pesar de encontrarse en soledad, se hablan en *susurros.* El detalle anda lejos de ser insignificante o meramente poético. Y la razón nos es bien conocida: la conversación de amor —y aquí

---

[8]Los casos que cuenta la misma Santa Teresa, que ella llamaba ordinariamente *arrobamientos* y que a veces, muy a su pesar, ocurrían en público, no dejan de ser una extraordinaria excepción que raramente Dios permite por sus misteriosos designios. A propósito de lo cual hay que advertir que es necesario vigilar la posibilidad de los falsos fenómenos místicos, como puede ocurrir con el de la *levitación*, por ejemplo. Con ellos el demonio engaña a veces a ciertas almas crédulas que, precisamente por andar escasas de humildad, son poco dadas a someterse al severo control de una buena dirección espiritual.

[9]*CFC*, 6.

nos referimos, como siempre, al amor divino–humano— no
gusta de voces que puedan ser escuchadas, ni de los ruidos o voceríos que pululan constantemente en el ambiente.
Los dichos de amor tienen más necesidad de ser *insinua-
dos* que de ser oídos. Pero bien entendidas, sin embargo,
dos cosas:

En primer lugar, que una *insinuación* no significa en
modo alguno la ausencia de una comunicación clara, sino
que más bien es indicadora de todo lo contrario. Recorde-
mos el ejemplo de la poesía: la cual es capaz de *decir* y
expresar allí donde el lenguaje humano de la mera prosa
no es capaz de *llegar*.

En segundo lugar, los dichos de amor *necesitan del
silencio* para ser pronunciados. No debe olvidarse que el
modo de comunicación a través del silencio es más perfecto
que el que se hace por medio de las palabras. Este último
es el modo de comunicación normal y propio de la naturaleza humana, perfectamente adaptado a su modo de ser,
pero no es el más perfecto (pensemos en los ángeles, por
ejemplo, que no necesitan palabras para comunicarse). En
el Seno de la Trinidad, el Padre *se dice* a Sí mismo lo que
es en una sola Palabra, y en Ella lo dijo *todo*; e igualmente
también a nosotros, pues por medio de su Palabra hecha
Carne nos dijo *todo* cuanto necesitábamos saber, según
San Juan de la Cruz.

Santa Teresa nos habla a menudo de arrobamientos y éxtasis en los que Dios le comunicaba lo inefable *en ausencia total de palabras* tal como las entendería el lenguaje humano. San Pablo escribe acerca de que fue arrebatado hasta el tercer cielo, donde oyó palabras inefables (*arcana verba*) que al hombre no le es lícito pronunciar.[10] Y parece lógico suponer que el Apóstol se refería a palabras *imposibles de expresar por medio del lenguaje humano*, dado que las cosas estrictamente celestiales no caben dentro de los límites de los modos de expresión y comunicación del hombre. Es indudable que Dios utiliza medios extraordinarios, para nosotros enteramente desconocidos, cuando quiere dialogar por Sí mismo y comunicar secretos íntimos de su Corazón a ciertas almas elegidas. Por otra parte, a lo que se refiere la Santa de Ávila ha quedado bien confirmado por el testimonio de otros místicos, como San Juan de la Cruz.

Nadie vaya a pensar que he olvidado omitir el testimonio de otros místicos no menos importantes que Santa Teresa, como San Juan de la Cruz, por ejemplo. En realidad lo he hecho así intencionadamente, puesto que este escrito sobre la oración mística no pretende otra cosa que expresar la admiración hacia las almas elegidas a quienes les fue otorgada la gracia de conocerla y practicarla. Por eso he procurado no

---

[10]2 Cor 12: 2–4.

complicar su lectura y aun simplificarla en lo posible, a fin de hacerla más asequible a las preferencias y a la mentalidad del hombre de hoy.

De todos modos, vale la pena anotar, y sólo para los aficionados a las curiosidades históricas, que fue Hans Urs von Balthasar quien ya habló de importantes diferencias entre las espiritualidades de San Juan de la Cruz y de Santa Teresa. Movido por la curiosidad y mi sincera devoción hacia ambos santos, me esforcé por estudiar el problema directamente en este autor (acerca del cual adelanto que no siento excesivas simpatías), tal vez en su obra *Gloria. Una Estética Teológica*, y menos probablemente en su *La Oración Contemplativa* ya que mis recuerdos no son muy seguros a causa de los muchos años transcurridos. Tuve ocasión de leer la primera de ellas en francés (*La Gloire et la Croix. Les Aspects Esthétiques de la Révélation*, Les Éditions du Cerf, Paris, 1993, en varios volúmenes), en aquellos años en los que todavía no había aparecido la traducción española. La cual, cuando al fin pude leerla, me pareció francamente detestable y un auténtico engaño al lector.

A decir verdad, yo también había observado previamente la aparente contradicción en ciertos puntos entre las espiritualidades de ambos místicos. Lo cual no había dejado de impresionarme, y de ahí mi preocupación por el tema.

Pero en definitiva pude darme cuenta de que no existían sino diferencias circunstanciales y sobre todo metodológicas, aunque ciertamente a veces importantes; pero que en nada afectaban a lo esencial y lo fundamental de la doctrina. Cosa que, al fin y al cabo, no podía ser de otra manera, puesto que se trata de dos Doctores de la Iglesia, que además son glorias españolas cimeras de la mística para toda la Iglesia Universal.

El verso que estamos considerando explica también que, al tiempo que el Amado le hablaba a la esposa, *el aire sus susurros aventaba*. Un detalle que tampoco debe ser atribuido al azar. Puesto que, a medida que el Esposo dirigía sus dichos de amor a la esposa, y teniendo en cuenta que sólo a ella iban encaminados *y solamente por ella podían ser escuchados y entendidos*, una vez pronunciados el viento mismo los aventaba, dado que ya no tenían razón de ser en parte alguna que no fueran el corazón y el recuerdo de la amada.

Otra de las características de la vida mística, con bastante frecuencia presente en la oración contemplativa,[11] tiene que ver con las detenciones y aun con los retrocesos en el camino; además de las ausencias del Esposo que, para su propio tormento, se ve obligada a sufrir el alma enamorada. Si tales retrocesos y *ausencias del Amado*, a los que tan a menudo se refiere la Santa, son reales o aparentes, es lo que menos importa para el alma puesto que para ella son siempre absolutamente reales. Sin duda que son fases del proceso pedagógico utilizado por Dios para purificar aquellas almas a las que ama y facilitarles el camino. Pero

---

[11]Santa Teresa no deja de advertir, sobre todo con vistas a evitar el desaliento de los principiantes, acerca de los numerosos y alternativos *retrocesos y adelantos* que tienen lugar en el difícil camino que conduce hasta lo más elevado de la intimidad con Dios.

que no dejan de suscitar en ellas un profundo tormento que, por paradoja y según testimonio de los mismos místicos, no deja de ser con frecuencia extraordinariamente gozoso. Preciso es confesar que los caminos de Dios son incomprensibles, por más que sepamos que siempre conducen al bien de sus elegidos.

Como vengo diciendo, y puesto que se trata de temas demasiado elevados, la poesía es más capaz de *explicarlos* que la prosa; puesto que puede inducir en el corazón humano sentimientos e intuiciones acerca de los cuales el mero lenguaje ordinario carece de posibilidades. Por eso he escogido otro verso para intentar decir algo sobre las ausencias del Esposo. Sin duda que es otro de los temas de los que siempre se plantean en la vida mística, los cuales son en realidad fenómenos y situaciones, siempre demasiado misteriosos para los no iniciados y que, ya el simple hecho de abordarlos, puede conducir a alguien a pensar que se trata por nuestra parte de una presunción atrevida:

> *De tu vergel un ave*
> *por tu ausencia cantaba en desconsuelo,*
> *y oyó tu voz suave*
> *y, alzándose del suelo,*
> *a buscarte emprendió veloz su vuelo.*[12]

---

[12] *CFC*, 9.

Encontrándose la esposa en un estado de soledad total,
sumida en la más profunda de las tristezas por la ausencia
del Amado, se ve alegremente sorprendida de pronto al
escuchar la inconfundible voz del Esposo que la llama y
que parece aproximarse a ella:

> *¡La voz de mi amado! Vedle que llega,*
> *saltando por los montes,*
> *triscando por los collados.*
> *Es mi amado como la gacela o el cervatillo.*
> *Vedle que está ya detrás de nuestros muros,*
> *mirando por las ventanas,*
> *atisbando por entre las celosías.*
> *Oíd que me dice:*[13]

Y a la sorpresa y al gozo siguen la repentina decisión
de salir a su encuentro con la mayor rapidez posible, acu-
ciada la avecilla por la ansiedad y la esperanza de ver al
fin colmado su deseo, tal como dice el verso: *a buscarte*
emprendió veloz su vuelo.

En un contexto semejante, alude Santa Teresa en algún
lugar del libro de su *Vida* (capítulo veinte), al Salmo 55,
que dice así:

---

[13]Ca 2: 8–10.

¡Quién me diese alas, como a la paloma,
para volar y encontrar descanso![14]

Un descanso que para ella no puede ser proporcionado sino por la intimidad con Dios, único lugar de reposo feliz que puede existir en parte alguna. Y siempre *en vuelo veloz.* Porque el amor es por naturaleza impaciente y apresurado. Lo más impaciente y apresurado que existe en el universo, si nos referimos al amor divino–humano. Y puesto que se le hace muy difícil soportar una espera que alarga la ausencia del Amado, el alma sale a buscarlo con presura —con la mayor presura— cuando llega el momento en el que siente, por fin, que se aproxima hacia ella.

De ahí que sea propio de la existencia cristiana, y no ya meramente de la vida mística, el deseo de la muerte para reunirse cuanto antes con Cristo. Que por eso decía San Pablo que *me siento apremiado por los dos extremos: el deseo que tengo de morir para estar con Cristo, lo cual es muchísimo mejor, o permanecer en la carne, que es más necesario para vosotros.*[15] Tal espera, como todo lo que pertenece al mundo de lo sobrenatural y, con mayor razón,

---

[14]Sal 55:7.
[15]Flp 1: 23–24.

a los misteriosos y desconocidos senderos que conducen a
las más íntimas y mayores profundidades del Corazón de
Dios, posee un carácter ambivalente que, por ser también
inefable, resulta imposible de explicar.

Puesto que supone, por un lado, la ansiedad atormen-
tada de la espera que ha de soportar la ausencia de la
persona amada (que en este caso es Dios, para el alma).
Por otro, sin embargo, y puesto que es una espera que sabe que está destinada a terminar, se alimenta a su vez con
el deseo ardiente de poseer a la persona amada y gozar
más y más de su presencia. Cuya ausencia momentánea,
como saben bien los enamorados, sirve a su vez de incen-
tivo al amor a medida que más larga es su duración. Con
lo que nos hallamos de nuevo ante otra de las extrañas e
inexplicables paradojas del amor: pues los amantes desean
reunirse cuanto antes; y al mismo tiempo, si fuera posible,
desearían que la causa que enciende cada vez con más fuerza las llamas del amor, y que los mantiene a la expectativa,
se alargara incesantemente incluso sin consideraciones de
tiempo, hasta dar lugar a un fuego capaz de consumir en
cenizas al amante que no de otra forma puede entender
el amor. Pues *es nuestro Dios un fuego devorador.*[16] A lo
cual se refería Santa Teresa cuando decía:

---

[16]Heb 12:29.

que muero porque no muero.

La voz del Amado es inaudible, ininteligible e inefable para los demás. Y es la que efectivamente llama al alma intentando atraerla con ímpetus inenarrables: *El Espíritu interpela con gemidos inenarrables.*[17] Aquí es la misma Palabra divina la que se confiesa a sí misma como incapaz de expresar todo lo que quiere decir. Pues el amor habla a través del corazón, pero pocas veces halla medios para explicarse a través de la boca. El verso lo expresa de manera equivalente, aunque utilizando el lenguaje peculiar propio de la poesía, poniéndolo esta vez en boca de la esposa:

> *Es la voz del Esposo*
> *como la huidiza estela de una nave,*
> *como aire rumoroso,*
> *como susurro suave,*
> *como el vuelo nocturno de algún ave.*[18]

El sendero que conduce al encuentro de los amantes es largo y fatigoso. Con esperas y detenciones inesperadas acompañadas por sentimientos de ansiedad y de ausencia,

---

[17]Ro 8:26.
[18]*CFC*, 75.

pero animadas también por la luz de una esperanza gozosa
que sabe que encontrará, por fin, lo que busca:

> *Ya el gélido invierno su ciclo fenece,*
> *cuando en primavera sus flores ofrece*
> *y el bosque se llena de trinos y aromas*
> *al par que la alondra vuela hacia las lomas.*

> *Buscando tus huellas voy por el sendero*
> *que del hondo valle sube hasta el otero;*
> *y sufro de angustias al ver que te escondes*
> *y a mis tristes quejas Tú ya no respondes.*

> *Y en las suaves tardes de la primavera,*
> *como si a tu lado de nuevo estuviera,*
> *entre los pinares, a su tibia sombra,*
> *el lamento escucho de la triste alondra.*[19]

De todas formas, llega un momento en el que la palo-
mica ya no puede esperar más y hace un supremo esfuerzo
para alzar el vuelo y llegar cuanto antes allí donde la espera el Amado.

Y siempre tropezará con el difícil intento de conocer
de quién es mayor la impaciencia. El momento justo de la

---

[19] *CFC*, 28.

muerte de los santos, y el porqué se ha producido precisamente entonces, es algo que permanecerá oculto por ahora en el corazón de Dios. ¿Por qué algunas almas elegidas y bienaventuradas mueren jóvenes, mientras que otras se ven obligadas a recorrer el camino de una larga vida...? Sólo Dios lo sabe, aunque una cosa es bien segura: unas y otras volaron al Cielo *cuando la impaciencia amorosa de Dios ya no podía aguardar más.*

Y por eso,

> *...Y ya sin esperar alzó su vuelo*
> *en busca del Amado tan querido,*
> *dejando para siempre el viejo nido*
> *sin pena, ni dolor, ni desconsuelo.*[20]

Pero en realidad, a poco que nos demos cuenta del problema, fácilmente comprendemos que siempre estamos dando vueltas a lo mismo. Nuestra ansiedad por conocer aquello en lo que consiste el misterioso mundo de las relaciones amorosas con Dios nos conduce a hablar, una y otra vez, de las condiciones en las que se desenvuelve y hacen posible la existencia y el desarrollo de la relación amorosa divino–humana. Como la búsqueda de la soledad, por

---

[20] *CFC*, 79.

ejemplo, el papel fundamental del silencio o el desapego de las cosas creadas..., y todo lo que se quiera añadir, puesto que el tema es inmenso en profundidad y extensión. Y sin embargo, nunca llegamos a lo fundamental y a lo que más nos interesaría saber: el desconocido fundamento y la misteriosa *esencia* de la relación amorosa divino–humana, junto al real contenido de lo que *se dicen* mutuamente ambos amadores. Sabemos bien que estamos ante un campo vedado, *fuente sellada*[21] para los extraños, pero que no puede impedir el deseo innato que todo hombre (lo reconozca o no) siente en su corazón de encontrar a Dios. El único lugar que conozco que ofrezca una auténtica conversación de enamorados, aunque esta vez en la intimidad de la relación amorosa divino–humana, es el Libro, divinamente inspirado, de *El Cantar de los Cantares*.

Claro que este Libro es mucho más que la narración de un diálogo amoroso, aunque haya brotado esta vez de la pasión de mutua y total entrega ocurrida en la relación de amor divino–humana. En él pueden apreciarse todas las fases y momentos de la vida mística tal como las conocemos: ausencia del Esposo y su consiguiente búsqueda por parte de la esposa; avances y retrocesos de la esposa en su relación de amor con el Esposo; ansias de ambos por

---

[21] Ca 4:12.

encontrarse y poder contemplarse mutuamente; la situación de *paridad de niveles*, propia del amor, que conduce al Esposo a situaciones de auténtica humildad, como en las que llega a *implorar* a la esposa que le permita entrar y estar junto a ella... Si bien se considera, en el Libro está contenido el fundamento y el desarrollo de la mística cristiana.

Pero la cuestión, sin embargo, es mucho más complicada de lo que parece. Pues con lo dicho hasta ahora no hemos hecho sino situarnos en el umbral del misterio. Pues *El Cantar de los Cantares*, dado el tema que aborda y supuesta su condición de inspirado, plantea una multitud de importantes problemas, rara vez analizados y jamás resueltos a plena satisfacción del entendimiento humano. Intentaremos enumerar aquí algunos de ellos y adelantar ciertas respuestas, aunque sin pretender otra cosa que especular acerca de unos misterios que, por haber sido revelados, *están efectivamente ahí*, pero que seguirán superando nuestras capacidades *hasta que alboree el día y el lucero amanezca en nuestros corazones*,[22] cuando puedan ser contemplados a la luz de Dios. Y, aunque alguien podría preguntar acerca de la razón de que hayan sido revelados si jamás van a ser entendidos en su significado,

---

[22]2 Pe 1:19.

conviene recordar que aquí nos referimos a un entendimiento de los misterios que no pretende ser sino relativo.

De todos modos, siempre encerrarán algún contenido que sea de provecho para nuestras almas, pues para eso han sido revelados.

El primer problema que se plantea, con respecto a *El Cantar de los Cantares*, es el hecho incuestionable de que cuando Dios quiere comunicarse con el hombre ha de adoptar las formas y modos del lenguaje humano. Algo que, al menos a primera vista, parecería reducirse a la simple cuestión de las limitaciones impuestas por la misma naturaleza de las cosas. Pues es evidente que si Dios quiere ser entendido por el hombre ha de atenerse a las condiciones propias de la condición humana.

Lo cual a su vez, y puesto que se trata de un libro inspirado, plantea la cuestión de los diversos grados de intelección que el hombre puede alcanzar en la comprensión de los misterios.[23]

Sin embargo, la cuestión abarca más de lo que suponen las dificultades ocasionadas por las limitaciones del

---

[23]Dios puede revelar lo que quiera incluso de un modo extraordinario, tal como efectivamente lo hace con ciertas almas a quienes Él ha escogido según sus designios. Aquí, sin embargo hablamos de un modo general, puesto que nadie pondrá en duda que *El Cantar de los Cantares* ha sido inspirado para utilidad de todos los hombres.

lenguaje. Pues nos enfrentamos al problema que plantea el abismo infinito de distancia que media entre Dios y el hombre, aunque aumentado ahora y empeorado por causa del pecado, con lo que eso significa para una criatura que originariamente había sido destinada por gracia a participar de la misma naturaleza divina.

Es cierto que Dios intervino en favor del hombre por medio de los misterios de la Encarnación y de la Redención. Pese a lo cual, el hombre ha quedado debilitado en sus facultades, y además ha seguido obstinándose en mantener el abismo de las distancias con sus propios pecados personales. Dando así ocasión, a pesar de la gracia y de todos los auxilios divinos, a una lucha constante entre el espíritu y la carne en la que necesariamente habrá de triunfar para alcanzar su salvación.

La necesidad de que *El Cantar de los Cantares*, como sucede con todos los libros inspirados, utilice el lenguaje humano, le proporciona una especie de *muro de contención*, o de *barrera–filtro* que se interpone entre lo que Dios *dice* y lo que es *entendido* por el hombre. La diferencia es de gran transcendencia, que aquí se hace más notable desde el momento en que se habla del amor divino–humano; por más que sea la forma poética y metafórica la utilizada como la más adecuada. Hablaremos después del tema con más amplitud, aunque de momento bastará con decir que eso es lo que ha hecho posible que muchos *expertos* y exegetas hayan interpretado el libro como una mera colección de cantos epitalámicos.

A propósito de lo cual, aunque vamos a prescindir aquí de comentarios marginales sobre las tendencias de la moderna teología (totalmente impregnada de Modernismo), las cuales tienden a explicar todo lo perteneciente al orden sobrenatural mediante razones de índole natural y más asequibles al hombre de hoy, sí debemos insistir en que dichos expertos han olvidado lo más importante y fundamental, que es aquello sin lo cual el libro inspirado de *El Cantar de los Cantares* no tendría sentido alguno ni habría modo posible de entenderlo:

Es importante saber que el tema del libro es el amor, y más concretamente el Amor de Dios gratuitamente ofrecido al hombre. La aceptación de tal amor por este último abre la posibilidad a las relaciones de amor divino–humanas, que en casos señalados alcanzan niveles de profundidad que entran ya dentro del campo de la mística y de la oración contemplativa.

Siendo el Amor la realidad más misteriosa, elevada y sublime que existe en el universo tanto visible como invisible, hablar de él con posibilidades de algún acierto significa emprender una empresa bastante arriesgada.[24] Si tenemos en cuenta, además, que el Amor se identifica con Dios (1 Jn 4:8), aparece enseguida la necesidad de la Fe para abordarlo de algún modo que excluya los errores. Puesto que solamente desde el amor se puede hablar del amor, y dado que el verdadero amor es siempre una participación del amor divino (y de otra forma no es amor), de ahí que solamente quien ama puede conocer a Dios. Lo que a su vez es el único modo de saber algo acerca del amor: *El que no ama no conoce a Dios, porque Dios es amor.*[25]

De todo lo cual se desprende que acceder al Libro de *El Cantar de los Cantares* sin estar movido por el amor de Dios, equivaldría a acometer una empresa más difícil que la de tratar de leer un viejo manuscrito chino sin tener ninguna idea de ese idioma.

La gran tragedia del hombre consiste en haberse rebelado contra Dios. Lo que ocasionó un daño tan grave que hubo que pagar para repararlo un precio tan increíble como que sólo Dios, mediante su Sabiduría y su Poder

---

[24]Son de admirar los esfuerzos de los Antiguos para explicar la realidad del amor. Los *Diálogos* de Platón, que bien pueden considerarse como una de las obras cumbres de la Humanidad, logran cotas elevadas de hallazgos en torno al concepto del amor, aunque mezclados a la vez con descomunales y reprobables errores.

[25]1 Jn 4:8.

infinitos, pudo solventar. Desde entonces solamente existen para el ser humano dos posibilidades: la de responder afirmativamente al Amor que libre y gratuitamente Dios le ofrece..., o la de rechazarlo. Ambas libremente queridas y libremente aceptadas, tal como lo exige la misma naturaleza del amor. Disyuntiva que conduce a su vez, o bien a la Eterna Felicidad, o bien a la Eterna condenación.[26] Sin embargo sería un grave error suponer que quienes escogieron el Amor de Dios lo hicieron conducidos con miras hacia lo más conveniente. Tal cosa destruiría la naturaleza del verdadero amor, puesto que *el auténtico amor solamente se elige por amor.* El verdadero enamorado —sobre todo si hablamos del amor divino–humano— no elige a la otra parte de la relación por su interés personal. El cual no le importa nada y hasta estaría dispuesto a perderlo todo, incluyendo su propia vida y su propia existencia: *Si alguno viene a mí y no odia a su padre y a su madre y a su mujer y a sus hijos y a sus hermanos*

---

[26]Aunque, a la vista de los acontecimientos que modernamente están sucediendo, todo parece indicar que es el segundo camino el escogido por la inmensa mayoría de los hombres (Mt 7:14). La general apostasía que padece la Iglesia actual seguramente está proporcionando al Infierno un número de réprobos cuyo número la misericordia de Dios nos oculta.

y hermanas, e incluso a su propia vida, no puede ser mi discípulo.[27]

Tal elección va a suponer un largo y difícil camino para quienes, conducidos por especiales gracias de Dios, están destinados a alcanzar los niveles más altos de la relación amorosa divino–humana. Y ahí es justamente donde ocurren las más inexplicables y extrañas paradojas.

Por un lado el amor de Dios concretado en la Persona de Jesucristo, a través de una relación directa e íntima, es aquí donde de forma más palpable se manifiesta, junto al gozo que supone la amistad tierna y personal con Dios. Pero por otro, sin embargo, tal situación suele ir acompañada de un cúmulo de pruebas y sufrimientos cuya intensidad sería tarea difícil (por no decir casi imposible) de describir aquí. Aunque eliminar esos sufrimientos sería lo que menos desearía el alma enamorada de Dios.

Y de ahí lo que ningún cristiano debería olvidar: cuando se habla de los auténticos amadores y verdaderos enamorados de Dios, cualquier alusión que alguien pudiera

---

[27]Lc 14:16; cf Mt 10:39; 16:25. La Doctrina Católica admite también la posibilidad de la salvación mediante la recuperación de la gracia a través del arrepentimiento originado por un amor imperfecto (por temor al infierno, por ejemplo) que es llamado *atrición*, para diferenciarlo del conocido como *contrición perfecta*. Aunque la atrición necesita además la confesión sacramental para ser eficaz.

hacer respecto a la *muerte por amor*, nada tendría que ver
con el uso de la metáfora o con la dedicación a la mera
literatura.

Pero, tanto en un caso como en otro, *El Cantar de los
Cantares* se expresa con sus acostumbradas profundidad y
belleza poética. Como podemos comprobar en pasajes en
los que el Esposo, llevado de su preocupación y amor por
la esposa, trata de conjurar cualquier obstáculo capaz de
inquietarla:

> *Os conjuro, hijas de Jerusalén,*
> *por las gacelas y las cabras monteses,*
> *que no despertéis ni inquietéis a mi amada*
> *hasta que a ella le plazca.*[28]

San Juan de la Cruz glosa estos versos en su propia
poesía, igualmente marcada por un encanto seductor. Cuyo origen, a su vez, no es otro que la fuente inagotable de
belleza contenida en los versos divinos tal como se contienen en *El Cantar de los Cantares*:

---

[28]Ca 2:7; 3.5.

A las aves ligeras,

leones, ciervos, gamos saltadores,

montes, valles, riberas,

aguas, aires, ardores

y miedos de las noches veladores:

Por las amenas liras,

y canto de sirenas os conjuro,

que cesen vuestras iras,

y no toquéis al muro,

porque la esposa duerma más seguro.[29]

La grandeza sobrehumana de la poesía sanjuanista es como un diamante extraído de una mina de piedras preciosas, cuya profundidad y abundancia coinciden con el abismo del Amor divino.[30] Transcurridos más de cuatro siglos, la poesía del Santo carmelita no ha sido superada,

---

[29] San Juan de la Cruz, *Cántico Espiritual.*

[30] Los estudiosos y expertos del arte poético han estado durante siglos tratando de explicar el misterio de esa poesía. Como es lógico, partiendo siempre de elementos puramente naturales y normales, como el de la *genialidad* del Poeta de Fontiveros, la ventaja proporcionada por el momento histórico en el que vivió, y otros semejantes. Consideran que su trabajo no ha utilizado otro instrumento que los procedimientos y las técnicas de las artes humanas, los cuales no son otros que los de la literatura poética producida hasta ahora por el hombre. Y como no podía suceder de otra manera, sin lograr jamás resultados suficientes y satisfactorios.

y ni siquiera igualada, por ninguna otra composición poética en lengua castellana. Lo cual se explica porque la mina de diamantes sigue siendo la misma, *pero no existen trabajadores dispuestos a bajar a la profundidad de sus pozos para extraerlos.* Pero no porque haya disminuido la generosidad de Dios, siempre dispuesta a derramar sus dones; pues, como decía el profeta Isaías, *ecce non est abbreviata manus Domini.*[31] La poesía de San Juan de la Cruz es un destello del abismo de belleza y de amor existente en el Corazón de Dios; o un atisbo del resplandor infinito extraído de la obra del Poeta divino tal como ha quedado plasmada en *El Cantar de los Cantares.* Y junto a eso, es también la demostración de la realidad de otro de los misteriosos problemas que nos plantea el libro sagrado y al que ya hemos aludido. Pues dentro de las estrofas del Libro se oculta un contenido capaz de producir *temor y temblor* para quien sea capaz de descubrirlo. Emoción y temblor que no se deben a otra cosa que a la Alegría Perfecta tal como sería capaz de sentirla el corazón humano; de un modo parcial por ahora, pero destinado a convertirse en total en la Vida Eterna: *Pero cuando venga lo perfecto, desaparecerá lo imperfecto.*[32]

---

[31] Is 59:1.
[32] 1 Cor 13:10.

Damos por establecido, por lo tanto, que los versos de *El Cantar de los Cantares*, al mismo tiempo que expresan en su bello lenguaje poético lo que Dios ha querido decirnos acerca del misterio de la relación amorosa divino-humana, *sirven de velo que oculta la totalidad de su profundo contenido.* Lo cual no podía ser de otra manera. En primer lugar, porque, como ya hemos dicho, tan alta realidad solamente es conocida, aunque también parcialmente, por ciertas almas a las que Dios ha escogido para experimentar las profundas realidades de la vida mística y de la oración contemplativa. Y en segundo lugar, porque también Dios ha de atenerse a las limitaciones del lenguaje de los hombres si quiere ser entendido por ellos.

De todos modos, no deja de ser admirable que las palabras de Jesucristo *Ya no os llamo siervos, puesto que el siervo no sabe lo que hace su señor; a vosotros os he llamado amigos, porque todo lo que he oído de mi Padre os lo he dado a conocer,*[33] hayan sido entendidas por los hombres en el sentido de un puro afecto fraternal. Parece como si el hombre no fuera capaz de entender que cuando Dios dice que nos ama como *amigos* es porque realmente nos considera sus *amigos*, aunque en el sentido profundo

---

[33] Jn 15:15.

que jamás ser humano ha sido capaz de descubrir en el significado de ese hermoso vocablo, y más todavía cuando es pronunciado por la boca de Dios.

Pero también dije más arriba que *El Cantar de los Cantares* es un compendio de todas las fases y contingencias que integran el conjunto de la vida mística, y más en concreto de la oración contemplativa. Para lo cual recordaremos algunos breves ejemplos.

La búsqueda ansiosa y apasionada del Esposo por parte de la esposa está contemplada en el Libro inspirado ya desde apenas su comienzo:

> *Dime tú, amado de mi alma,*
> *dónde pastoreas, dónde sesteas al mediodía,*
> *no venga yo a extraviarme*
> *tras de los rebaños de tus compañeros.*[34]

Una búsqueda que, al no ser coronada por el éxito, alcanza momentos de profundos y afligidos sentimientos tan amargos como angustiosos. En realidad todo viene a ser un reflejo de lo que sucede en un alma que sinceramente busca a Dios, la cual ve transcurrir su vida como si su destino fuera el buscarlo pero no encontrarlo; aunque

---

[34]Ca 1:7.

siempre animada por la esperanza de que se trata de en
un *por ahora* destinado a convertirse en un *hasta aquí*. Y
así hemos llegado en esta exposición a uno de los instantes
más *trágicos* e inexplicables de los sentimientos que inun-
dan el alma enamorada de Dios. La cual experimenta su
dolorosa e insufrible ausencia, y de ahí que se vea empu-
jada a una tarea en la que trata ansiosamente de hallarlo
cuanto antes:

> *Me levanté y recorrí la ciudad,*
> *las calles y las plazas,*
> *buscando al amado de mi alma.*
> *Busquéle y no le hallé.*
> *Encontráronme los guardias*
> *que hacen la ronda en la ciudad.*
> *¿Habéis visto al amado de mi alma?*[35]

Lo que, dentro de sus límites de toda índole, también
la poesía humana intenta decir a su manera:

---

[35] Ca 3: 2–3.

Te busqué, mas no te hallé,
te llamé, mas no te oí,
y cuando al fin te encontré,
por tu amor desfallecí.

    En la oscuridad he vivido
de nostalgia alimentado,
y tan de amores herido
que muero, pues no te he hallado.

    ¿Oíste al fin mis gemidos...?
¿Por fin mi triste lamento,
llevado en alas del viento,
ha llegado a tus oídos...?[36]

Es de admirar el modo de debatirse el lenguaje, en esfuerzo rayano en la angustia, para expresar lo que de todas formas es casi imposible decir. Esfuerzo tremendo por más que baldío, y que afecta tanto al hombre como al mismo Dios.

Por otra parte, alguien podría sentirse extrañado, y acaso hasta escandalizado, por la forma *fuerte* de expresarse *El Cantar de los Cantares*, ya desde su mismo comienzo. Se trata, a modo de ejemplo, del deseo manifestado por la esposa con respecto al Esposo:

---

[36] *CFC*, 29.

¡Béseme con besos de su boca!
Son tus amores más suaves que el vino.[37]

La expresión es tan cruda —*¡Béseme con besos de su boca!*, o también *¡Bésame con besos de tu boca!*— como que no ha dudado en utilizar las formas más incitantes usadas por los amantes humanos... Aunque en realidad, si realmente se quiere aludir al amor apasionado que el alma siente hacia Dios, ¿qué otra forma, mejor y más clara, podía haber sido empleada para ser entendida por los hombres?

Es cierto que todo esto es difícil de comprender para quienes nunca han entendido el amor de Dios hacia el hombre. Se trata de todos aquéllos que, si acaso han llegado a pensar en Él, ha sido para imaginarlo como un ser Infinito (también en lo que respecta a la distancia), Omnipotente, Supremo Juez, etc. Pero que nunca han creído en el Amor sin límites que, pese a todo, quiso que fuera compartido por el hombre junto a su misma íntima vida.

Claro que por eso precisamente se hizo uno de nosotros, y de ahí todas las consecuencias derivadas del misterio de la Encarnación del Verbo, en las que apenas muy pocos hombres han reflexionado seriamente.

---

[37]Ca 1:2.

En la relación de amor divino–humana suceden situaciones que apenas si son conocidas por el amor humano. En la oración mística, y dada la condición del Amante divino, tales situaciones alcanzan grados de profundidad imposibles de explicar por el lenguaje humano. Una de las cualidades de la oración contemplativa que con la ayuda de la gracia ha alcanzado grados elevados de perfección, es la situación de *paridad* o de equiparación de niveles existente entre Dios y el alma. Ahora bien, si la relación amorosa divino–humana consiste en la intimidad del *tú* a *tú* entre ambos amadores..., si a través de la mutua entrega entre los amantes cada uno llega a ser posesión del otro, de tal manera que todo lo que es de uno pertenece también al otro..., dando lugar así a un intercambio y compenetración de vidas donde ya nadie es superior y nadie es inferior,

> *Mi amado es para mí y yo soy para él.*
> *Pastorea entre azucenas.*
>
> ....
>
> *Yo soy para mi amado*
> *y a mí tienden todos sus anhelos.*[38]

---

[38]Ca 2:16; 7:11.

entonces no hay que extrañarse de que el Amante divino
aparezca implorando a la esposa para que le abra su puerta
y le permita acercarse a ella:

> *Ábreme, hermana mía, esposa mía,*
> *paloma mía, inmaculada mía.*
> *Que está mi cabeza cubierta de rocío*
> *y mis cabellos de la escarcha de la noche.*[39]

Con lo que comenzamos a pisar los umbrales de un
universo que el hombre jamás pudo imaginar. Si ya una
situación de amorosa intimidad ocurrida entre amantes
humanos, produce ardorosos sentimientos de emoción y de
felicidad en grados de intensidad desconocidos para ellos
hasta ese momento..., la oración contemplativa se convierte por su parte en una relación amorosa divino–humana
abierta a un mundo distinto y lleno de misterios, situado a
otro nivel del meramente humano y en el que todo resulta
imposible de explicar. Dentro de este nuevo universo, todo
lo referente a lo meramente humano, incluidas las relaciones de amor, apenas si queda reducido, tanto en la mente
como en el corazón de la criatura, a la categoría de un
recuerdo cuya entidad no sobrepasa la de un simple *ana-*
logado, y que es tan lejano que parece desvanecerse entre

---

[39]Ca 5:2.

las cosas ya pasadas como algo insignificante que tiende a la nada.

Aquí es fundamental tener en cuenta el camino a través del cual la criatura establece sus relaciones amorosas con Dios. El cual no es otro que *la Persona misma de Jesucristo.*

Un principio cuya transcendencia afecta a toda la Humanidad, pero que misteriosamente ha sido ignorado *por tirios y troyanos.* Jesucristo dijo de Sí mismo: *Yo soy el Camino, la Verdad y la Vida; y nadie viene al Padre sino por Mí.*[40] Palabras claras, firmes y terminantes. Absolutamente incompatibles respecto a ambigüedades ni abiertas a la más mínima duda. Se han hecho, y se siguen haciendo —ahora más que nunca—, innumerables esfuerzos por ocultarlas, disimularlas, manipularlas y hasta por destruirlas. Acerca de los cuales parece innecesario decir que han fracasado por completo, según la inconmovible promesa del mismo Señor: *El Cielo y la Tierra pasarán, pero mis palabras no pasarán.*[41]

El Evangelista San Juan confirma e insiste en las palabras del Maestro: *¿Quién es el mentiroso sino el que niega que Jesús es el Cristo? Ése es el anticristo, el que niega al Padre y al Hijo...*[42] *Todo el que niega al Hijo, tampoco tiene al Padre; pero el que confiesa al Hijo, también tiene al Padre.*[43]

Pero el Judaísmo y el Islam, no solamente han rechazado a Jesucristo, sino que han *bloqueado* el camino y han impedido cualquier

---

[40] Jn 14:6.

[41] Mc 13:31; Lc 21:33.

[42] 1 Jn 2:22.

[43] 1 Jn 2:23.

posibilidad de acceso hasta Él. De manera que, no solamente *no poseen* a Jesucristo, sino que deliberadamente y con férrea voluntad han llenado de obstáculos todas las vías que conducirían hasta Él, haciéndolas así *imposibles* de transitar.

Por lo que, según sentencia clara de la misma Revelación, *tampoco poseen al Padre*. Una afirmación que estrictamente equivale a decir que *tampoco poseen a Dios*. El Apóstol San Juan incluso llega a más y no duda en tacharlos de *anticristos*.

Hasta aquí los hechos. Lisos, contundentes y claros tal como se desprenden de la Palabra de Dios revelada. A no ser que también se quiera negar, como último y desesperado recurso, la veracidad de las Palabras contenidas en los Libros de la Revelación. Procedimiento al que no ha dudado en acudir la Teología modernista de la Nueva Iglesia, sin darse cuenta —sin querer darse cuenta— que una vez rechazada la Revelación, la Fe ha sido privada de fundamento alguno. Con lo que se ha dado lugar a una Religión puramente natural, sin bases sobrenaturales, elaborada por el hombre y cuyo resultado no ha sido otro que el de una Humanidad sin Dios y próxima a su propia destrucción.

Pero dado que aquí estamos hablando para los creyentes, *o para los que se dicen creyentes*, es evidente, tal como se deduce de lo dicho —a no ser que quieran quebrantarse todas las leyes de la Lógica y de la evidencia que aporta el sentido común—, que ni el Judaísmo ni el Islam *poseen a Dios*. O dicho más claro: *no poseen a ningún Dios* y ni siquiera quieren poseerlo. De donde afirmar que *poseen el mismo Dios que nosotros* es una clara mentira. Predicarlo a los cristianos como inconcusa verdad es una estafa con categoría de crimen que conducirá al Infierno a muchas almas confundidas.

La conversión del Pueblo Judío, la cual tendrá lugar en los tiempos inmediatos a la Parusía, es un *misterio* revelado, cuya realización es a su vez otro *misterio*; pero que esta vez se ha reservado a Sí mismo

el mismo Dios. Dada la continuada contundencia de la negación de
Jesucristo, y la realidad de los caminos bloqueados que conducirían
a Él, hay algo al respecto suficientemente claro: la conversión será
la consecuencia de algún acontecimiento *extraordinario*, dispuesto por
Dios desde el suceso de la Cruz, en una muestra de sobrada misericordia
hacia el Pueblo elegido. Pero jamás será el resultado de *parabienes*,
abrazos y conversaciones amigables con la Jerarquía católica. Y creer
otra cosa no es sino la consecuencia de la insensatez y de la locura que
se desprenden del hecho de haber abandonado la Fe.

Pero también la Teología y la Pastoral católicas han abandonado
—o al menos parecen haber olvidado— el único *Camino* que conduce
y da sentido a la existencia cristiana. Para darse cuenta de que el eje
de la Predicación actual de la Iglesia no es Jesucristo, no hay más que
escucharla cualquier domingo en cualquier iglesia del mundo. Por no
hablar de los temas que componen el paquete de tales predicaciones.

El problema posee especial relevancia respecto al tema que estoy
tratando en este ensayo. Los escritos sobre mística, y aun los mismos
tratados de los místicos, apenas si toman como referencia el punto
neurálgico de la necesidad de Jesucristo en el camino que conduce a la
unión con Dios, como vamos a tener ocasión de ver más detalladamente.

Admirable y más que admirable, por lo tanto, el olvido de textos
fundamentales contenidos en la Revelación y sin los cuales se hunde,
estrepitosa y rotundamente, cualquier intento de edificar o de explicar
una existencia cristiana.

Según hemos dicho, el *eje básico* sobre el que giran las
relaciones amorosas divino–humanas es Jesucristo. Sin él
cual, el papel del ser humano en su relación de amor con
Dios, sería *prácticamente inexistente*. Puesto que el alma

aprende a amar a Dios a través de la Persona de Jesucristo,
al cual percibe en su doble Naturaleza divino–humana.

Establecida así la relación, el Señor se convierte en el
tú al que el *yo* humano se dirige como de igual a igual y en
total intimidad, a través de una conversación de carácter
sobrenatural en un grado que transciende a lo humano.

Conviene insistir, de todos modos, en que nunca se
puede prescindir de la condición de *humana* en la estructura de la relación amorosa, puesto que el modo de amar
el alma, aun elevado al orden sobrenatural por la gracia,
no puede realizarse sino conforme a las exigencias de la
propia naturaleza (la gracia eleva la naturaleza, pero no
la destruye). Aquí, como veremos después, aparece claramente Jesucristo como factor esencial, el cual es conocido
por el alma en *prioridad lógica* en su Naturaleza Humana.

¿Cómo explicar, sin embargo, el proceso de una conversación entre enardecidos amadores uno de los cuales
es Jesucristo...? Hemos llegado, como puede verse, al umbral —solamente al umbral— de lo más íntimo y difícil de
analizar de las relaciones de amor divino–humanas.

Para conseguir una cierta penetración en los sentimientos del alma en sus relaciones de amor con Jesucristo,
los cuales son principalmente vividos y experimentados
en los grados más elevados de la oración mística, sería necesario un cierto conocimiento previo de los sentimientos

que Jesucristo muestra hacia esa alma. Al fin y al cabo se trata de una *relación* amorosa, en la que entran en juego, como factores esenciales, la reciprocidad y la bilateralidad y donde tampoco se puede olvidar de dónde procede la iniciativa, puesto que *Él nos amó primero*.[44] Solamente entonces podríamos hacernos cargo —de una manera tan confusa que no puede pretender ir más allá de una mera aproximación— de lo que sucede en algunos de los instantes de esa íntima relación: de los torrentes de amor que recíprocamente se intercambian de un corazón a otro; de la ternura y misterio de los dichos y requiebros de amor pronunciados de boca del mismo Jesucristo y dirigidos al alma; de los susurros amorosos que mutuamente se intercambian y cuyo contenido y significado — absolutamente ininteligibles para cualquier elemento extraño a la relación— queda para siempre entre ambos; de las caricias de amor cruzadas entre los dos que se aman y de las que ya se hacía eco en su poesía inspirada *El Cantar de los Cantares...*

Pero nos tropezamos con el problema insoluble de conocer la naturaleza íntima del amor de Jesucristo hacia el alma, a pesar de que la Revelación nos ha hablado acerca de la existencia y profundidad de ese amor tal como existe

---

[44]1 Jn 4:19.

en el Corazón de Jesucristo: *Para que podáis comprender con todos los santos cuá! es la anchura y la longitud, la altura y la profundidad; y conocer también el amor de Cristo, que supera todo conocimiento.*[45] Sabemos, por lo tanto, de su existencia y de la medida de sus dimensiones, en cuanto que no están limitadas por medida alguna. Sin embargo, vistas las cosas desde el exterior de la relación mística, penetrar en el conocimiento de lo que existe en ese abismo queda reservado a las almas que han respondido en plenitud al Amor que les ha sido ofrecido y entregado.

El alma que se siente objeto de tal amor por parte del mismo Jesucristo, verdadero Dios y verdadero Hombre, a través de una relación amorosa que transcurre en la intimidad del *yo para ti–tú para mí*, se siente embargada y fuera de sí por decir lo menos. Jamás había llegado a imaginar que alguien pudiera ser amado de semejante manera. Ni menos aún ser amada por un Amante divino que la trata de *tú a tú* y que pone su alegría en mostrarse como rendidamente enamorado y prendado por su amor.

En semejante situación, serían de admirar —si pudieran ser conocidos desde fuera de la relación mística— los sentimientos del alma al verse objeto de tal amor, junto a sus intentos por proporcionarle una digna acogida; sus pa-

---

[45]Ef 3: 18–19.

labras y requiebros amorosos para corresponder a los del Amante divino; sus venturosas pretensiones de aceptar el desafío de amor al que se ve invitada..., para resumir todo al final en balbuceos, caricias y suspiros cargados de tan temblorosa emoción como para sumirla en un estado que la sitúa fuera de sí misma, con latidos de su corazón que jamás antes había sentido, en un intento imposible llevado hasta la extenuación por mostrar al Esposo su propio amor. Y aquí aparece otra vez lo maravilloso. Pues dado que tales intentos acaban por hacer patente su incapacidad, es *Dios mismo* quien entonces proporciona al alma sentimientos y palabras adecuados para hacerlo: *El Espíritu acude en ayuda de nuestra flaqueza: porque no sabemos pedir como conviene; pero el mismo Espíritu interpela con gemidos inenarrables.*[46]

De manera que, según San Pablo, comprobada nuestra incapacidad para hablar con Dios de un modo adecuado, interviene entonces el Espíritu para interpelar con *gemidos inenarrables.*

Un texto que ordinariamente ha sido interpretado erróneamente, en el sentido de que a causa de nuestra impotencia el Espíritu *ora por nosotros* con gemidos inenarrables. Y digo que tal interpretación no puede ser sino errónea en

---

[46]Ro 8:26.

cuanto que realmente resulta difícil imaginar que el Espíritu exhale *gemidos*. Parece más razonable entender que el Espíritu nos proporciona modos de manifestar nuestros sentimientos que son superiores a nuestras posibilidades. Los cuales, a fin de nombrarlos de la manera más aproximada a la realidad y más inteligible para el hombre, son calificados aquí como *gemidos*.

Donde es importante notar, aparte de la consideración que merecen las insuficiencias del lenguaje, que el vocablo *gemido* no siempre posee un contenido cuyo significado es manifestación de dolor, sino que sirve también, en realidad, para referirse a situaciones de elevada exaltación anímica causadas por sentimientos de sumo gozo.

En los momentos más elevados de la oración mística el alma se siente inundada por tan inefables sentimientos, derivados de su trato íntimo con Jesucristo, que son absolutamente indecibles e inexpresables fuera de la relación amorosa. Hasta el punto de que no sería capaz de soportar la intensidad de tales sensaciones sin la ayuda aportada por el Espíritu. Lo cual no es sino la consecuencia de que el Amante divino pertenece a un orden esencialmente superior al que corresponde al amante humano, puesto que su amor es divino y humano a la vez: el misterio insondable derivado de la unión hipostática hace posible que la

Persona divina que otorga su amor a una mera criatura,
lo haga a la vez como *Dios* y como *Hombre*.

Por nuestra parte, cuando nos acercamos a escudriñar los misterios
que se contienen en las relaciones de amor divino–humanas, por más
que no podamos pasar más allá del umbral, no podemos dejar de sentir
nostalgia ante las maravillas que el Amor de Dios otorga a algunas
almas. Claro que se trata de *almas elegidas*, o al menos eso es lo que
siempre se ha dicho. Porque la verdad es que nadie ha explicado si
tales almas han respondido con un sí al Amor de Dios porque Él las ha
escogido, o si tal vez Él las habrá escogido porque han dado acogida
al ofrecimiento divino y le han correspondido con plena generosidad.
Y como no lo sabremos nunca, tampoco hemos querido arriesgarnos a
saber lo que hubiera ocurrido con nosotros, en el caso de haber abierto
nuestro corazón a la llamada de Dios.

Porque, aunque somos bien conscientes del hecho, jamás hemos
tenido el valor suficiente para confesarnos a nosotros mismos que responder generosamente al Amor divino supone un *riesgo*. Un peligroso
riesgo, en realidad, y al que no hemos tenido el valor de afrontar. Por
eso nos hemos acostumbrado a pensar que las peligrosas aventuras y las
grandes hazañas son propias de hombres absolutamente excepcionales;
sin caer en la cuenta de que ellos fueron hombres excepcionales porque
tuvieron el valor de emprenderlas, y que incluso muchos de ellos ca-
recían de dotes extraordinarias antes de embarcarse en sus arriscadas
empresas. Así es el ser humano: pues, efectivamente, una forma que él
supone acertada y cómoda de no complicarse la vida es la de no dejarse
abrumar con problemas.

En cuanto a mí, siempre he pensado en las maravillas del Amor divino con nostalgia. Contempladas desde muy lejos, desde luego —como
esas nieves de las altas montañas difíciles de escalar y que se adivinan,

más que se divisan, entre las brumas—, siempre han aparecido en mi imaginación como la única *realidad* existente en medio de un mundo de consistencia no más sólida que las calimas del amanecer. O quizá como un *sueño* de fantasía capaz de transformar y elevar una vida; la misma que por ahora no es sino de mediocridad y cuya cualidad más sobresaliente parece consistir en su abundante contenido de sentimientos de tedio y de aburrimiento.

He ahí el gran problema de mi propia vida. Constantemente he sido atormentado por la idea clara del contraste entre la medianía de su contenido y la elevación y sobreabundancia de la verdadera Vida: *Yo he venido para que tengan la vida y la posean en abundancia.*[47] Sin embargo, como de costumbre y para seguir una norma bastante generalizada, siempre he procurado evadirme de tal idea. Y en cuanto a las palabras del Señor..., jamás dejaron de parecerme hermosas; pero como esas cosas bellas hechas para ser vistas o escuchadas y que no pasan de ahí.

Con todo, debo a Dios la gracia de haber comprendido, aparte de que el amor es lo único que da sentido a la existencia humana, que significa también *totalidad*. Siempre me ha parecido evidente la imposibilidad de componer conceptos que no encajan entre sí, como el de *amor* y el de *parcialidad*.

Quizá por eso nunca he dejado de sentir la necesidad de un *tú* al que abrirme y al que ofrecer mi corazón y del que, al mismo tiempo, me sintiera correspondido por el suyo. Y como bien puede comprenderse, estoy hablando de la necesidad de amar y de ser amado. En el fondo se trata del ansia insaciable de belleza, de bondad y de verdad. Que son las cualidades que acompañan siempre al amor a modo de precedencia..., pero que jamás me podrán ser ofrecidas por un *tú* humano que sólo me las puede otorgar en parte; sino por el *Tú* que las contiene en plenitud

---

[47] Jn 10:10.

y que no desea otra cosa que entregarlas a mí en su completa totalidad.

Pues aun en el caso de que la belleza, la bondad o la verdad me fueran cedidas *en parte*, siempre quedaría en mi alma el deseo inextinguible de lo que restaba de ese *todo* que había quedado fuera.

De ahí que mi *yo* jamás se sintió completo sin ese *Tú* que siempre me faltaba y que podía colmar mi corazón.

Bien entendido que esto no quiere decir que mi *yo* personal necesite para serlo de la relación con un *otro*. Cuando es evidente que el *yo* precisa ser íntegro y completo en sí mismo antes de relacionarse con el otro. De otro modo, ¿cómo podría alguien entregarse en totalidad —único modo de entender el amor— si previamente no posee la plenitud de la *completa personalidad*? Pues si alguien no es *completo* por sí mismo en su ser, tampoco puede entregarse en *totalidad*.

En todo momento he sido consciente de que mi existencia terrena, como la de cualquier hombre, está vinculada a la condición de *peregrina*. Siempre de andadura por un camino cuyos recovecos y obstáculos que aguardan por delante resultan por completo desconocidos, lo mismo que lo que aún resta para el final. Siempre he poseído la certeza de que el camino acabará por fin algún día y que Alguien me aguarda en su final. Mientras tanto sigo andando tratando de olvidar el cansancio, oteando el horizonte en busca de señales que me proporcionen indicios del final del camino. Y de que ha llegado por fin el momento de un encuentro para mí por tanto tiempo esperado y ardientemente deseado:

> *Y el final del camino divisado,*
> *yo corro, por el ansia apresurado,*
> *hasta donde se acaba la vereda*
> *y el duro trajinar atrás se queda.*[48]

---

[48] Cfr. *CFC*, 2.

El alma adquiere el conocimiento de la Naturaleza Humana de Jesucristo en un *primer momento* de percepción y como lugar al que encauzar directamente el torrente de su amor. Aunque sin dejar de percibir también en un *segundo momento* su Naturaleza Divina, a través de la cual encuentra a la Persona divina que es de quien ella finalmente se siente enamorada (pues el amor es siempre una relación entre personas). Bien entendido que hablamos de momentos lógicos y no temporales, pues la criatura se siente unida a su Señor *en un solo y mismo acto de amor.*

Las dos Naturalezas de Jesucristo no son percibidas por el alma humana enamorada como una *mezcla* de ambas, sino como una realidad que, pese a la perfecta distinción de una y otra, forman un *único* conjunto armónico y elemento sustancial en la Persona del Verbo hecho Hombre. Ama a Jesucristo como Verdadero Dios y como Perfecto Hombre, aunque, tal como acabamos de decir, *en un solo y mismo acto de amor.*

He ahí la explicación de que en el diálogo divino-humano, dentro de los grados elevados alcanzados por la oración contemplativa y de unión, aparezcan a la vez pero formando un todo único, partes *absolutamente divinas* junto con otras *perfectamente humanas.* Que nunca pueden ser consideradas como actos distintos y separables.

En definitiva, todo un conjunto de elementos suficiente para hacerse cargo de las dificultades que entraña este intento: comprender la naturaleza y el desarrollo de la oración contemplativa. El elemento divino, como parte principal en las relaciones divino–humanas es, en realidad, el factor determinante y origen de todos los escollos que ofrece el problema en cuanto a su complejidad y su misterio: tanto para los extraños que trataran de conocerlos, como para la misma alma que quisiera explicarlos (a otros o a sí misma). Algunos hasta llegan a decir que, en este sentido, el factor divino es un elemento verdaderamente *perturbador.*

Como es lógico, el objeto más directo y principal sobre el que recae la *perturbación* es la misma alma.[49]

---

[49]De nuevo las limitaciones del lenguaje. A lo largo de este ensayo he estado tratando de resistirme a usar la expresión *alma humana*, mediante una serie de esfuerzos que al final han resultado inútiles. Cuando el término correcto, como es sabido, es el de *hombre* o el de *ser humano*, como conjunto único compuesto de alma y cuerpo y que es a quien realmente afectan los fenómenos místicos. Desgraciadamente, el uso durante siglos ha impuesto el empleo del concepto *alma.* Lo cual no es sino el resultado de un lejano e inconsciente recuerdo del maniqueísmo y de las tendencias que sospechan contra el cuerpo humano (de raigambre platónica), de las que participaron también algunos Padres (como el Pseudo–Dionisio y San Agustín) y hasta místicos de la altura de San Juan de la Cruz.

Aquí la conversación entre los amantes divino y humano, impregnada como está de divinidad, se hace tan elevadamente *humana* como permitirían las limitaciones de una naturaleza creada.[50] Y al mismo tiempo también tan *divina* como sea permitido por la capacidad receptiva de lo infinito por un medio creado; o hasta donde pueda soportar una naturaleza humana que todavía permanece en estado de *viator* en su peregrinaje hacia la Patria.

Con lo que hemos alcanzado un límite imposible de ser traspasado. Ni desde fuera hacia dentro ni desde dentro hacia fuera. Ni los extraños a ella pueden penetrar en el interior de la oración contemplativa, ni tampoco el alma mística tiene posibilidades de atravesar la barrera que obstaculiza el camino hacia el exterior para explicarla.

Por lo que habiendo llegado hasta donde es posible saber, según nuestros cortos medios, acerca de lo que sucede en lo íntimo de la relación amorosa divino–humana, en la que uno de quienes se aman es una Persona divina, es momento de detenerse para explorar otros caminos.

---

[50]El carácter *humano* de este diálogo lo eleva hasta el máximo nivel capaz de ser alcanzado por una naturaleza humana. De ahí que, a pesar de mantenerse, en lo que se refiere a este punto, en los puros límites de lo que sería rigurosamente exigible por su cualidad de *humanidad*, ni aun así podría ser entendida por un ser humano que fuera incapaz de superar los límites de un máximo normal.

A partir de ahora, sólo podremos proceder utilizando retazos de conocimientos que apenas si superan los límites de lo conjeturable. Como pueden ser los testimonios de los mismos místicos y la observación de los fenómenos externos que a veces acompañan a la oración contemplativa; tales como la *estigmatización* (San Francisco de Asís y el Padre Pío de Pietrelcina, entre los más notables), la *transverberación* (Santa Teresa de Jesús), la *levitación*, los *arrobamientos* y *éxtasis*, entre los más conocidos. Bien entendido que tales fenómenos no son la oración contemplativa, sino meros signos externos por medio de los cuales Dios quiere dar testimonio de la profundidad a la que es capaz de llegar el amor entre Él y una criatura.[51]

Estamos en presencia de lo inefable. Aquí es donde el alma, franqueados ya los bordes de la eternidad, se encuentra en camino de transcender el sentido del tiempo. Puesto que la *perennidad* es una de las notas esenciales del amor perfecto, la trascendencia con respecto al sentido del tiempo es una prenda, o arras, de la eternidad en la que

---

[51]No debe confundirse el testimonio de una cosa con esa misma cosa. En realidad, su simple formulación (*testimonio de*) ya es indicadora de que se trata de realidades diferentes. El testimonio no es sino un instrumento de acercamiento que confirma la autenticidad de algo o de alguien, y sirve para proporcionar alguna luz a quienes no pueden alcanzar la entera realidad de lo que se trata.

va a tener lugar la realidad de tal amor. Y cosa semejante puede decirse, dado que el alma goza también aquí de un adelanto de la Felicidad Perfecta,[52] en cuanto a que también en este punto se vea desatada momentáneamente de las cadenas que la sujetan al tiempo: *Te amé desde antes del tiempo, te he amado en el tiempo, y te amaré más allá del tiempo...* No en vano dice la Carta a los Hebreos que *Jesucristo es el mismo y ayer, y hoy, y por los siglos.*[53]

Una de las cosas más dignas de notar en los grados elevados de la oración contemplativa es el *doloroso tormento* que afecta al alma en este momento de la vida espiritual. Tal clase de tormento —de intensidad sólo conocida por Dios y el alma—, que es a la vez sufrimiento y gozo, bien podría ser calificado, siquiera de alguna manera, como de grado sumo en ambos sentimientos. La posibilidad de que un dolor en tal grado de intensidad pueda constituir al mismo tiempo para el alma un sentimiento de gozo del mismo grado, es uno de los misterios del amor. Quizá el alma, viéndose traspasada y herida de muerte por el amor, sienta tal grado de ansiedad por ser inundada más y más por él como para producir en ella una sensación dolorosa

---

[52]La Felicidad Perfecta necesita para ser tal la nota de la perennidad (si se sabe que va a cesar en el tiempo ya no sería perfecta), que solamente puede darse en el tiempo sin tiempo de la Vida Eterna.

[53]Heb 13:8.

proporcional. Y más dolor a medida que siente más amor.
Que ya decía la Carta a los Hebreos que *nuestro Dios es
un fuego devorador.*[54]

Al caminar por los extraños y misteriosos vericuetos
del amor, puede ocurrir que cometamos un error de perspectiva. Que consiste en poner excesivo énfasis en la grandeza de Dios como ser Infinito, perdiendo de vista la pe-
queñez que su Amor quiso asumir para que nosotros pu-
diéramos amarlo de modo perfecto: que es lo mismo que
decir a nuestro modo y manera de seres humanos. Pues
cabe para nosotros la posibilidad de que lo infinitamente
grande oculte lo inmensamente pequeño. Y sin embargo,
conocer la condición de Dios como Esposo y amigo del alma es sustancial para entender su relación amorosa con
ella.

Aquí es donde la esposa, perdidamente enamorada,
exhala profundos y dolorosos suspiros que brotan como
gritos del fondo de su alma. Y, puesto que ya ha sido herida
con el Fuego Infinito que la consume, suplica intensamen-
te al Esposo divino a fin de que termine de convertirla en
brasas y no se detenga hasta reducirla a cenizas. Por eso, a
medida que se consume en ese fuego, desea abrasarse más
y más hasta debatirse en un insoluble dilema: Pues, por

---

[54]Heb 12:29.

un lado, se siente turbada porque desconoce hasta dónde llegará su capacidad de resistencia frente a la corriente de llamas que la van convirtiendo en fuego; pero por otro, piensa que aún le sería más difícil soportar la posibilidad de que cesaran.

Mientras tanto, el Esposo continúa en sus acometidas de amor a la esposa, que es lo que ella más ardientemente desea, dentro del torneo o combate de amor al que mutuamente ambos se han desafiado. Así lo reconoce la esposa en *El Cantar* en un texto ya conocido:

> *Me ha llevado a la sala del festín*
> *y la bandera que ha alzado contra mí*
> *es bandera de amor.*[55]

El Esposo la acosa con entrañables palabras, requiebros apasionados y dardos encendidos de amor que rompen el corazón de la esposa:

> *Levántate ya, amada mía,*
> *hermosa mía, y ven:*
> *Que ya se ha pasado el invierno*
> *y han cesado las lluvias.*
>
> *............*

---

[55]Ca 2:4.

Ven, paloma mía,
que anidas en las hendiduras de las rocas,
en las grietas de las peñas escarpadas.
Dame a ver tu rostro, dame a oír tu voz,
que tu voz es suave y es amable tu rostro.[56]

Conviene recordar de nuevo que la poesía de *El Cantar de los Cantares* puede convertirse en una verdadera *trampa* para los menos avisados. Se trata de aquéllos que acceden al Libro y no llegan más allá de la superficialidad de la letra. Sin olvidar en este grupo a los entendidos que se limitan a deleitarse con la belleza de los versos, y que hasta intentan profundizar en los posibles significados de sus especiosas metáforas. En realidad es lo que siempre sucede con cualquier poesía humana, aunque haya de notarse aquí una importante diferencia. Pues las palabras poéticas e inspiradas del *Cantar*, si bien dicen la verdad en cuanto a lo que afirman, es lo cierto que nunca la agotan; *puesto que siempre es infinitamente más lo que ocultan que lo que revelan.* Al menos en fases de previos escarceos y hasta donde permite la capacidad del que las lee.

Si continuamos con el tema del progreso de la vida mística en la oración contemplativa, quizá estemos ya ante

---

[56]Ca 2: 10–11; 14.

la oportunidad de hablar de uno de los fenómenos propios de los momentos que conducen hacia su consumación. Las llamas de amor que abrasan al alma contemplativa nunca se consumen, como la zarza que contemplaba Moisés con asombro: *El fuego nunca dice: "¡Basta!"*[57] Por lo que llega un momento en que la esposa, abrumada y agotada por el peso del amor, se siente desfallecer. Como así lo dice la esposa de *El Cantar*:

> *Confortadme con pasas,*
> *recreadme con manzanas,*
> *que desfallezco de amor.*[58]

Con el desfallecimiento o *muerte de amor* que el alma experimenta en sí misma, la oración contemplativa se encuentra cerca de alcanzar su culminación. Aunque cabe preguntar si la llamada *muerte mística* se trata o no de una muerte real. Y según se desprende de los testimonios que poseemos, es preciso admitir que el proceso puede alcanzar su final en muerte real causada por los ímpetus del amor, como normalmente se ha visto que sucede con la muerte de los santos.

---

[57]Pr 30:16.
[58]Ca 2:5.

La *muerte mística* es un proceso lento en el que el alma empieza a experimentar síntomas de muerte por culpa del amor, como en forma de adelanto de la posesión del Esposo en la Vida Eterna que le aguarda. Y como por paradoja, lo que aquí se manifiesta no es sino una abundancia de vida. En realidad una ganancia o mejora sobre la propia vida, tal como viene a decir el Apóstol: *Para mí el vivir es Cristo, y el morir una ganancia.*[59]

Llegados a este momento, la relevancia y esplendor de las cosas se va difuminando para dar lugar a los destellos de belleza que brillan en Jesucristo. Tal sucede para el alma con los ruidos del mundo, las idas y venidas de los hombres, el sufrimiento de muchos y las alegrías de pocos, la muerte y la vida, la risa y el llanto, los éxitos y los fracasos, la justicia y la iniquidad..., y tantas cosas que pueblan el mundo y que se empeñan en formar parte de la existencia personal de cada hombre. Todo va pareciendo cada vez más lejano, como si sus agudos relieves se fueran esfumando, poco a poco, en el lugar donde el olvido acaba por dar paso a la nada. Y hasta la Naturaleza con las infinitas maravillas que la llenan, suena para ella con un rumor cada vez más apagado: las noches del estío con el latido rutilante de las estrellas; el susurro del

---

[59]Flp 1:21.

viento del atardecer en los bosques de los valles perdidos
y olvidados; el tibio y rosado amanecer de las inmensas
praderas; la brisa que acaricia la orilla de aguas azules de
tranquilos mares; el silencio de altas y nevadas cimas aún
no profanadas por la huella humana; la estela de la nave
que surca blancos rizos en anchos océanos con horizontes
sin fin; el arrullo de la tórtola en el cercano arroyo, desde donde llama escondida en árboles silenciosos a los que
acaba de vestir la primavera... Todo va perdiendo realidad
ante la presencia del Amado, cuando el misterioso silencio
y la ansiada soledad, en los que ahora se encuentran el *tú*
y *yo* de entrambos, hacen posible al fin el diálogo amoroso
sólo por ellos oído y entendido.

Pero el Amor va consumiendo las fuerzas del alma enamorada. Al fin y al cabo es una simple criatura, la misma
que un día, ya casi perdido en el olvido, entre un profundo
asombro y un fuego llameante, se encontró junto al Amado que la invitaba a entrar en la sala del festín, al mismo
tiempo que alzaba contra ella la bandera desafiante del
torneo del amor (Ca 2:4). Y es que el ser humano, ni aun
ayudado por la gracia y demás dones especiales de Dios,
puede soportar en esta vida tanto peso. Sobre todo porque
se unen la nostalgia, la añoranza y el ansia de gozar de un
Todo que ahora solamente posee en parte, pero que cada
vez adivina más cercano y que la empuja a lanzarse con

ímpetu hacia donde sabe que estuvo siempre su corazón. Donde también el Esposo la espera desde antes del principio de las Edades, y desde antes que fueran establecidas las fronteras que limitan el Tiempo. Por eso San Juan de la Cruz se hacía eco de la misma ansiedad que empujaba a la esposa de *El Cantar*:

> *Pastores los que fuéredes*
> *allá por las majadas al otero,*
> *si por ventura viéredes*
> *Aquél que yo más quiero,*
> *decidle que adolezco, peno y muero.*[60]

Actitud que es la única que da sentido a la vida. Pues una existencia humana que no haya vivido en la ansiedad de la Espera enamorada y suspirando por su unión con Jesucristo, hace pensar en que tal vez no haya llegado al Término por no haber tenido tampoco nunca Principio. Así es como pretendía decirlo el verso:

---

[60]San Juan de la Cruz, *Cántico Espiritual*. Obsérvese en el último verso la progresión ascendente de los tres verbos: *adolezco, peno* y *muero*. Dámaso Alonso llama la atención acerca de sus bien pautados y distintos matices, que el mismo Santo reconoce en sus Comentarios (*Poesía Española*, Gredos, Madrid, 1981, pág. 294).

Si vivir es amar y ser amado,
sólo anhelo vivir enamorado;
si la muerte es de amor ardiente fuego
que abrasa el corazón, muera yo luego.[61]

3. Conclusión

Ya dije al principio que me proponía hablar *acerca de* la oración contemplativa, subrayando la preposición con la evidente intención de señalar los límites del tema. Aún así, pude darme cuenta al final de que ni siquiera había logrado pasar más allá de la superficie de la cuestión que me había propuesto tratar. Como mero aficionado en la materia, bien puedo decir en mi favor que solamente había sido empujado por el deseo de escribir unas cuantas líneas en las que plasmar mi entusiasmo y devoción por Santa Teresa de Ávila, partiendo del pretexto de la *oración contemplativa*. En realidad se trataba de un simple *divertimento*, lleno de ingenuidad y de buena intención.

Sin embargo es peligroso abordar determinados temas, pues ocurre aquí lo mismo de quien se acerca demasiado al fuego: que indudablemente se quema. Que fue exactamente lo que me ocurrió a mí.

---

[61] *CFC*, 90.

Recuerdo mis años jóvenes en los que tuve ocasión
de referirme en alguno de mis libros a la oración mental, tal como la explicaba Santa Teresa. Como todo el
mundo sabe, a fin de mostrar la diferencia entre la mera oración mental y la contemplación, la Santa utiliza su
famoso ejemplo de las diversas formas de obtener el agua
para diferenciar la una de la otra. Según ella, en la oración
mental era esencial el trabajo del alma: el agua es extraída
a mano, a través de un trabajo fatigoso; o tal vez sacada
del pozo por medio de la noria. Mientras que la oración
contemplativa, prosigue nuestra Santa, es comparable a lo
que sucede con la lluvia, en la que el agua cae abundantemente desde el cielo sin requerir el menor esfuerzo por
nuestra parte. Ejemplo que ella aprovechaba para insistir
en la actitud *puramente pasiva* del alma contemplativa ante Dios, al cual ella atribuía *toda actividad* en el momento
de la contemplación.

Por mi parte, siempre mantuve la creencia de que la
llamada *oración contemplativa* es el acto más perfecto de
amor que la criatura humana es capaz de llevar a cabo en
esta vida. Y siendo el acto amoroso el más perfecto de los
que puede realizar el alma, y puesto que el amor supone
necesariamente bilateralidad y correspondencia entre las
partes que se aman, resulta difícil imaginar que el alma
humana se limite en ese momento a adoptar una actitud
pasiva ante Dios; lo cual parece que iría contra la natu-

raleza de las cosas. Ningún amante adopta una actitud pasiva cuando se halla en contacto con la persona amada, precisamente en el momento en el que la relación amorosa alcanza su grado mayor de intensidad, y cuando las emociones, el diálogo y los sentimientos íntimos son absolutamente *comunes* a ambos amadores. A mi entender, ni Dios ni la criatura pueden permanecer *pasivos* en los momentos de su relación amorosa.

Sin embargo, el paso de los años me hizo comprender que las cosas no siempre son tan evidentes como las pensamos. Por lo que ahora estoy dispuesto a admitir la posibilidad de que yo no hubiera sabido comprender a la Santa. Al fin y al cabo ella era santa y una verdadera mística, bastante entendida en las relaciones íntimas de amor con el Esposo divino y Doctora proclamada por la Iglesia.

Dios, ya desde mi niñez, anduvo tras de mí poniendo en mi corazón el deseo de la santidad. El mismo al que yo ladinamente he pasado la vida procurado esquivar, como si nada tuviera que ver conmigo. Siempre encaminé mis preferencias hacia una vida ordinaria y sin relieve en la que nunca se permitió la entrada al problema del amor verdadero. Y todavía permanezco en la duda de haber descartado definitivamente esa opción.

Si es cierto que *todo es gracia*, como decía Bernanos, la *oración contemplativa* es una gracia especial de Dios que la otorga a quien quiere. Y lo mismo que sucede con la santidad, sería grave atrevimiento y osadía empeñarse en alcanzarla uno por sí mismo, mediante una absurda búsqueda que indefectiblemente estaría condenada al fracaso. Pero una vida ordinaria no tiene por qué ser triste ni sentirse desgraciada. Con tal que vaya acompañada de una confianza en Dios que no esté dispuesta a abandonar, además de una actitud en la que se permita la posibilidad de *esperar contra toda esperanza* (Ro 4:18). Pues mantenerse firme en medio de la oscuridad, sin abandonar el camino ni dejarse dominar por el temor, con la inquebrantable añoranza de quien espera encontrar algo diferente, supone sin duda una gran valentía. Si alguien es capaz de hacerlo, es porque aguarda con ilusión la posibilidad de que algún día, quizá a la vuelta de un inesperado recodo del camino, pueda encontrar un mojón que le indique un derrotero diferente.

Sin embargo no puedo evitar seguir pensando que la *oración contemplativa* significa mucho más que una actitud meramente *pasiva* por parte del alma humana. Y ni siquiera me gusta ese nombre referido a la oración, pues pienso que anda lejos de expresar su verdadero contenido. Aunque la Santa haya seguido, como todos los místicos y espirituales clásicos, la doctrina de Santo Tomás sobre la visión beatífica, la cual consiste en *la contemplación saciativa de la Verdad*.

Estoy seguro de que, a pesar de mis intemperancias, ambos Santos y Doctores se sentirán contentos de perdonar la osadía de un bisoño como yo, que piensa tozudamente que la Felicidad Perfecta, o el último fin al que estamos destinados, además de *la contemplación saciativa de la Verdad,* habrá de comprender también la de la *Belleza Infinita* y, sobre todo, *la Posesión del Supremo Bien.*

Mientras tanto, entre aciertos y errores, victorias y derrotas, momentos de oscuridad y luces de esperanza, mi propia vida continúa, como la de todos, el Camino hacia la Patria. En el entretanto, el Sol seguirá inundando con su luz las alegres mañanas de la primavera, los tórridos días del verano y hasta —ya más tímidamente— las grises tardes del otoño o las más frías aún del invierno. Mientras que las estrellas continuarán empeñándose en parecer farolillos de luz colgados del cielo, poniendo un atisbo de esperanza en la oscuridad de la Noche de nuestras vidas.

Y nosotros seguiremos buscando el verdadero significado de la *oración contemplativa.* En una tarea fatigosa que hasta puede conducirnos a tratar de iniciar los caminos que a ella conducen: si acaso logramos encontrarlos; o quizá, en el caso de que no lo consigamos nunca, habremos de dejarlo entonces confiadamente en las manos de un Dios que nos ama. Pero siempre andando y oteando el horizonte, esperando impacientes la llegada del Esposo.

Seguros de que algún día, en el instante más inesperado,
encontraremos a Aquél por quien tanto ha suspirado nuestra alma, Y cuando suceda, puede que hasta creamos que
acabamos de despertar, para ser introducidos ahora en el
más dulce de los sueños. Y habrá llegado por fin el final
de un Tiempo ya pasado que dará lugar al comienzo de
un Tiempo sin tiempo. Que será también el de recordar
los viejos versos de los Cantares antiguos; los que, según
las consejas, todavía cantan las sirenas durante las noches
del estío en las playas inaccesibles de mares desconocidos:

> *Y, cuando al comenzar la primavera,*
> *del monte en la ladera,*
> *los almendros en brotes florecidos*
> *en tonos blancos y tornasolados*
> *o en suaves, tiernos y bellos sonrosados,*
> *donde mi corazón sangraba herido*
> *por haber Tú a mi amor correspondido*
> *al par que yo tu rostro contemplaba...*
> *Hasta que enamorado al fin me despertaba,*
> *en torrentes de lágrimas bañado,*
> *de un dulce sueño, apenas comenzado.*[62]

---

[62] *CFC*, 97

Segunda Parte

Estructura de
la Oración Mística

1. Prolegómenos

Siendo yo todavía estudiante en el Seminario, tuve ocasión de conocer a un sacerdote con fama de hombre espiritual y de honda vida interior. Era solicitado para toda clase de retiros espirituales, conferencias y meditaciones, tanto en comunidades religiosas como noviciados, seminarios, etc., e incluso para dirigir los famosos *Cursillos de Cristiandad*, que en aquella época comenzaban a ser conocidos y que él manejaba como verdadero experto.

A mi regreso de Hispanoamérica, trascurridos ya bastantes años, lo encontré fugazmente alguna vez. Tristemente, sin embargo, pude darme cuenta de que sus facultades mentales habían sufrido una merma que le impedía comportarse con normalidad. Aseguraba que había pasado bastante tiempo en diversos países y entablado contacto con algunas religiones orientales, aunque al parecer sin comprometerse con ninguna. Ya de regreso y en edad más avanzada, después de haber experimentado probablemente no pocos sufrimientos en sus numerosas idas de acá para allá (por lo que pude entender, alocadas y sin rumbo), su personalidad parecía otra. Hasta que un día recibí

la noticia de que se encontraba dirigiendo una especie de
cursillos de tres días de duración, que él mismo anuncia-
ba con el nombre de *Cursillos para aprender a practicar
la oración contemplativa*. Era evidente que el intento no
tenía otra explicación que la inestabilidad mental de mi
antiguo amigo, al que yo, sin embargo, recordaba como
un buen sacerdote.

Como cualquiera puede comprender, no existe posibilidad alguna de *aprender* a practicar la oración contemplativa. Y desde luego, no en tres días. Ni en mil años, y ni
siquiera durante las cien mil vidas que alguien fuera capaz
de alcanzar. Siendo la oración contemplativa algo eminen-
temente *sobrenatural* y un don gratuito de Dios otorgado
por Él a quien quiere y cuando quiere, a nadie le es debido ni nadie es capaz de merecerlo. Esta clase de oración
pertenece a un nivel elevado al que no alcanzan las fuerzas
naturales del hombre.

He de reconocer que no estoy muy seguro en cuanto
a los motivos que me impulsaron a escribir sobre un tema tan difícil que además me resulta desconocido, puesto
que no he sido nunca objeto de experiencia mística alguna. Quizá me movió uno de esos extraños impulsos que a
menudo brotan del corazón y acerca de los cuales, como
decía Pascal, la razón nada entiende.

Pero los seres humanos necesitamos soñar en cosas imposibles de llevar a cabo. Y hasta, de vez en cuando, en intentar realizarlas, pues no todas las locuras son malas.

Gracias a la de Don Quijote, por ejemplo, pudimos asistir al nacimiento de una aventura inmortal. Acerca de la cual me he preguntado a menudo a mí mismo por qué son tantos los que creen que la increíble Epopeya vivida por el hidalgo Alonso Quijano acabó en fracaso estrepitoso. Creo que sería un tema largo de discutir, el cual nos conduciría probablemente a conclusiones tan inesperadas como sorprendentes. Muchos grandes y buenos proyectos han sido elaborados en favor del mundo y muchos de ellos han fracasado; aunque quizá ha sido más bien por culpa del mundo, y no del proyecto. El Apóstol San Pablo, por ejemplo, también hablaba de la locura de la predicación y del escándalo de la Cruz, y hasta insistía en que no había otros medios de Salvación; y si algo está claro desde entonces es que no es posible imaginar un Cristianismo enteramente despojado de locuras, o al menos tal como las entiende el mundo.

La dura realidad del entorno en el que vivimos nos angustia al hacernos patente su vulgaridad y ordinariez. Por no hablar de la maldad y de la mentira que nos rodean por todas partes, que a menudo nos hacen sentirnos angustiados y casi víctimas de la desesperanza. Y de ahí la pregun-

ta: ¿Sería malo intentar combatir tales asechanzas y tales
sentimientos mediante algún procedimiento que nos sirva
de alivio y seguramente también de aprovechamiento?
Claro que pretender hablar de temas como el de la
oración contemplativa, en un momento en el que densas
tinieblas se ciernen sobre el mundo y especialmente sobre
la Iglesia, no deja de ser un intento desatinado (alguno
diría desesperado) para enfrentarse a una situación que
parece imposible de superar. Y sin embargo no caben aquí
sino dos salidas: la de mirar hacia otra parte y no pensar
en lo que está sucediendo. O la de enfrentarse a los hechos
y mirar hacia lo Alto, precisamente cuando sentimos que
el Abismo de la podredumbre intenta atraernos para que
miremos hacia abajo. Por lo que no podemos sino elegir la
segunda, poniendo cuidado mientras caminamos, como los
que escalan una alta cumbre, en no mirar hacia el fondo y
ser arrastrados por un vértigo que nos conduciría hacia la
muerte.

Los simples cristianos sabemos bien que la oración contemplativa es un tema que nos resulta inaccesible, por lo
que nuestro saber al respecto se limita a lo que logramos
entender de lo que nos dicen los místicos. Tan escaso conocimiento, sin embargo, cala hasta el fondo de nuestra alma
y nos hace sentir añoranza aun de lo poco que logramos
intuir. Como si nos hubiéramos acercado a una nueva y

maravillosa ciudad de Oz, divisada al amanecer entre las brumas de la lejanía: adornada con el suave color azulado de sus torres y de sus edificios cristalinos coronados por brillantes luceros, mientras los rayos de un Sol invisible la envolvían con el manto de su brillante luz. He aquí una de las empresas a las que a veces los hombres hacemos objeto de nuestro atrevimiento; y aun condenadas al fracaso, los restos salvados de su naufragio son sobradamente suficientes para justificarlas.

2. De la autoridad doctrinal de los Místicos Españoles y del sentido de estas Aportaciones

Conviene advertir que cuando hablo aquí de los *Místicos Españoles* me refiero exclusivamente a San Juan de la Cruz y a Santa Teresa de Jesús, quienes significan para mí la cumbre de la Mística española en el Siglo de Oro y los Místicos más destacados de la Espiritualidad cristiana universal.

También quiero advertir que aquí no se va a poner en duda la ortodoxia, la rectitud doctrinal o la extraordinaria altura de las doctrinas de ambos místicos.

La metodología que se va a seguir en este estudio *es una cuestión de enfoques y de puntos de vista en la exposición de las doctrinas.*

Para llevar a cabo lo cual, desarrollaremos el siguiente programa:

Profundizar en la naturaleza y desarrollo de la oración contemplativa, a fin de averiguar si las doctrinas de nuestros Místicos, tal como fueron redactadas y expuestas por ellos, *son susceptibles de algunas puntualizaciones en determinados puntos.*

Estudiar la posibilidad, con respecto a algunos aspectos de sus doctrinas —sobre todo en lo referente a San Juan de la Cruz— de exponerlos de una manera más *positiva*; o por decirlo mejor, más *asequible*. Lo que no significa intención de rebajar las exigencias fundamentales que constituyen la base de una verdadera vida espiritual y especialmente de la vida mística.

La espiritualidad que aquí se va a delinear *es esencialmente la misma* que la enseñada por Santa Teresa de Ávila y por San Juan de la Cruz. Si bien, dado caso de la dificultad y dureza que algunas de sus exposiciones (muy a menudo consideradas hoy como difíciles, e incluso como imposibles salvo para almas extraordinarias) pueden suponer para la mentalidad de los hombres actuales, abordaremos la tarea de tratar de referirnos a ellas de un modo más *asequible* y humano.

Y para terminar con la exposición del plan completo de este estudio, notar que también vamos a intentar poner de manifiesto, asignándoles el debido relieve, determinadas cuestiones que, pese a su importancia, parecen no haber merecido la suficiente atención por parte de nuestros dos grandes Místicos.

3. Diversos enfoques con relación a la necesidad de la cruz y de la purificación en la oración mística

Cuando aquí se habla de la oración mística no se hace referencia necesariamente a la oración contemplativa, salvo que se diga expresamente lo contrario; sino a cualquier tipo de oración más avanzada destinada a conducir el alma por los caminos de una unión más íntima con Dios.

Prestaremos especial atención a ciertos puntos *oscuros*, o *aparentemente duros*, contenidos en la espiritualidad de nuestros Místicos. Las terribles *Noches del sentido* y *del espíritu* de San Juan de la Cruz, por ejemplo, son un tema cuya sola exposición y difícil lectura puede infundir en muchas almas el temor a orientarse por los caminos de la oración mística. Por lo que supone un verdadero desafío intentar *presentar* de nuevo tales doctrinas ante el hombre de hoy, aunque sin desvirtuar en ningún momento su contenido ni faltar a la verdad. Se trata solamente de hacerlas parecer más asequibles y cercanas a la mentalidad de quienes, hoy por hoy, deseen acercarse a ellas.

Lo que quizá podría dar origen a la falsa opinión de que aquí se pretende ofrecer una espiritualidad que prescinde de la Cruz, junto a la necesidad del arrepentimiento personal y de la penitencia en cuanto a los propios pecados personales. Cosa absolutamente ajena a nuestro pensamiento.

Las espiritualidades que anulan la Cruz e intentan borrar en el hombre el sentimiento del pecado, tal como pretenden, por ejemplo, las teorías del *cristianismo anónimo* y de la *salvación universal,* son expresión de la herejía modernista que actualmente invade a la Iglesia. La intrínseca perversión de tales doctrinas es fácilmente detectable desde el momento en que *anulan y destruyen el mismo concepto del amor.*[63]

Con lo que ya podemos dar paso a la explanación de la importancia de la Cruz en la existencia cristiana y de sus implicaciones en la doctrina de los Místicos Españoles.

---

[63]Un punto que desarrollo ampliamente en diversos lugares de mis obras.

Una vez consumada la situación en la que había quedado el hombre por culpa del pecado, después de haber perdido el estado de justicia original en el que había sido creado, fue restituido de nuevo en la amistad con Dios mediante la Redención llevada a cabo por Jesucristo. La cual ha sido llamada *Redención objetiva*, pero que aún necesita para ser eficaz la libre cooperación del hombre para aprovecharse de ella (*Redención subjetiva*). Cosa que ha de hacer mediante el arrepentimiento de los pecados y de las obras propias de la existencia cristiana, realizadas con la ayuda de la gracia.[64]

De este modo, el hombre se aprovecha de la Redención obtenida por Jesucristo a través del curso y de los trabajos de su vida cristiana, de sus sufrimientos y penitencia por su pecados y aun de su propia muerte; aceptada esta última como castigo del pecado e instrumento último de reparación. Todo ello soportado y llevado a cabo por amor de Cristo, con Cristo y en unión con Cristo.

Pero el amor de Dios al hombre, concretado y hecho realidad en la Persona de Jesucristo, va mucho más allá de todo eso. Puesto que los sufrimientos y la muerte del hombre poseen ahora también *un valor de participación en*

---

[64]Este aspecto de la *Redención subjetiva* es desconocido por el Modernismo.

los de Jesucristo. A partir de ahora, la vida y la muerte
del cristiano se equiparan a las de Jesucristo, con todo el
valor que tal cosa lleva consigo: *Pues ninguno de nosotros
vive para sí, ni ninguno de nosotros muere para sí. Pues si
vivimos, para el Señor vivimos; y si morimos, para el Señor
morimos. Porque, sea que vivamos o sea que muramos, del
Señor somos.*[65]
Así es como San Pablo enuncia el principio fundamental que constituye el objetivo final y definitivo de la existencia cristiana: *¿No sabéis que cuantos hemos sido bautizados en Cristo Jesús hemos sido bautizados para participar en su muerte?*[66]

Pero, a su vez, esta participación en la muerte de Cristo
—que es para lo que hemos sido bautizados—[67] contiene
en sí misma un doble contenido que le proporciona una
doble finalidad:

En primer lugar, el Dogma cristiano contempla como
fundamental el valor de la participación en los sufrimientos
y muerte del Señor, aprovechada por cada ser humano
como instrumento de la propia redención personal y como
medio que le abre la puerta de la Salvación.

---

[65]Ro 14: 7–8.

[66]Ro 6:3.

[67]Otro punto esencial que tampoco ha sido tenido en cuenta por el
Modernismo.

En segundo lugar, tal participación es también una *respuesta* al infinito Amor mostrado por Jesucristo en la Redención y que ahora es accesible para cada hombre. Según este sentido, por lo común más olvidado por la Doctrina, el alma estaría dispuesta a sufrir con Cristo solo por puro amor y por el deseo de compartir su muerte, aun en el caso de que tal cosa *no fuera necesaria para la propia salvación.* Aquí pretende el alma ante todo compartir la existencia del Amado, tanto en la vida como en la muerte. El deseo de la propia salvación no sería ya para el alma tan acuciante como el de compartirlo *todo* con la persona amada, que en este caso es Jesucristo y tal como lo exigen las reglas del amor perfecto.

Con lo que la participación en los sufrimientos y muerte de Jesucristo abre para el hombre un nuevo e inquietante horizonte. Que consiste en la posibilidad de profundizar más, hasta extremos absolutamente desconocidos, en el misterioso abismo sin fondo del Amor. Una sima insondable que, como el pozo abierto de una mina de diamantes que acabara de descubrirse, se hallara dispuesta a ser explorada y aprovechada por quien creyera poseer un corazón poseído del toque divino de lo insaciable.

Este doble aspecto, que considera la posibilidad de compartir los sufrimientos y la muerte de Jesucristo, es seguramente el *menos resaltado* en la obra de los Místicos Españoles. Por supuesto que no se trata de *realidades* —puesto que forman parte del misterio de la existencia cristiana— cuya presencia en la doctrina de nuestros Místicos pueda ser puesta en duda; sino de la posibilidad de que su importancia, como elementos de valor en la oración mística, haya pasado *desapercibida* en el desarrollo de su doctrina espiritual. A lo que es preciso añadir algún punto de la doctrina sanjuanista difícil de asimilar y que probablemente necesite de una especial aclaración, que probablemente no será fácil.

Aunque no corresponde estudiarlo aquí (por su carácter estrictamente teológico), dada sin embargo la importancia del tema, recordaremos algunas notas acerca de la incidencia del pecado en la naturaleza humana. La cual, después de la caída quedó *marcada* y sujeta a consecuencias que fueron transcendentales.

El mismo Dios a través de la Persona del Verbo intervino en el problema y el aspecto de *culpa*, que el pecado había dejado impreso en el hombre, quedó enteramente eliminado gracias a la Redención. De manera que la naturaleza humana alcanzó el estado de *reparada*. Aunque la incidencia del pecado imprimió en ella un sello lo suficientemente profundo para que el *dolor* formara parte de toda su existencia terrena.[68] Bien entendido que la condición de sometimiento al sufrimiento y

---

[68]Es la consecuencia de lo que ha sido llamado por los teólogos el *reato de pena*, en cuanto al sometimiento al dolor sólo durante la existencia terrena. Otra cosa es la situación de purgación en la que se encuentran las almas en el Purgatorio y, por supuesto, la de los réprobos en el Infierno.

al dolor abarca a los seres humanos en su totalidad, incluyendo a quienes nada tuvieron que ver con el pecado, como Jesucristo (Verdadero Hombre, al fin y al cabo) y la Virgen María, que fue liberada de él por gracia.

La razón de esta abarcante universalidad del dolor es doble. En primer lugar, porque la Redención fue realizada por Jesucristo mediante su muerte en la Cruz, dando cumplimiento de este modo a la voluntad del Padre que Él asumió voluntariamente. Y además, porque fue designio bondadoso del Padre igualmente hecho suyo por Jesucristo, que el hombre cooperara en esta Reparación redentora con su propio dolor y su propia muerte, mediante la opción de asumirlos voluntariamente.

Como fácilmente se deduce de lo dicho, la razón *última* de que el destino doloroso de la naturaleza humana perdure hasta el fin de su existencia terrena, no es otra sino la del *amor*. El cual, sin eliminar el carácter de castigo para la criatura que es propio del dolor, lo transciende y supera hasta otorgarle una nueva condición. Y aquí es donde interviene Jesucristo como factor determinante. El hecho de que el hombre coopere al pago de su culpa, mediante la participación en los sufrimientos y muerte de Cristo, no es tan importante como la conveniencia de que se una a su Señor a través de tales sufrimientos *por razón del amor*. En realidad, como enseña la Doctrina, ni siquiera la muerte de Jesucristo hubiera sido necesaria para hacer efectiva la Redención.

Tanto Santa Teresa como San Juan de la Cruz centran su doctrina en la absoluta necesidad de la *purificación del alma*, a fin de lograr mediante ese medio su *ascenso hasta Dios*.

En la doctrina de Santa Teresa, el alma discurre a través de los laberintos y vericuetos de las Moradas de su

Castillo Interior. La Santa va mostrando los variados modos de purificación y de desapego de las cosas creadas, los cuales son necesarios para avanzar por los caminos de la oración mística e incluso contemplativa, y cuyo objeto no es otro que la unión con Dios. Su espiritualidad, tan sublime y elevada por otra parte, parece sin embargo más asequible y susceptible de ser practicada que la de San Juan de la Cruz.

Los caminos de oración enseñados por el Santo poeta de Fontiveros son capaces de producir desasosiego en personas de ánimo poco preparado. Además del abandono de todas las cosas creadas, el Santo exige la *absoluta negación* de todos los sentidos, tanto internos como externos, e incluso de las facultades del alma. Tal desapego de todas las cosas materiales y espirituales, entre las que también se encuentra la idea de la Humanidad de Jesucristo por parte del alma, es necesario en su doctrina para completar la ardua *Subida al Monte Carmelo* y alcanzar la pura contemplación del Dios Infinito que transciende a toda materia y a cualquier cosa creada.[69]

---

[69] Resulta difícil no ver en este punto un influjo tardío del platonismo, siempre persistente en el cristianismo, tenaz sospechoso de la materia y concretamente del cuerpo humano, del que aseguraba San Agustín que es *cárcel del alma*.

Por otra parte, los diversos modos de participación en
los sufrimientos y muerte de Cristo, tal como han sido
expuestos más arriba, *no son contemplados directamente*
en los Místicos Españoles.

Aquí vamos a utilizar una perspectiva diferente. Tal
como ya hemos dicho y siempre con miras al ejercicio y
desarrollo de la oración mística y contemplativa —o de
los caminos, al menos, que conducen a ellas—, intentaremos exponer una forma de espiritualidad más asequible y
de un carácter aparentemente más positivo. Para lo que
aprovecharemos como base las poéticas y expresivas metáforas de las relaciones místicas amorosas del Esposo divino
y la esposa —Dios y el alma humana—, tal como se hallan
contenidas en el Libro inspirado *El Cantar de los Cantares*.

En último término, lo que este estudio pretende ofrecer
son otros posibles diversos enfoques de la *realidad de siempre*, la cual no es otra cosa que la Espiritualidad mística
cristiana. Contemplada, eso sí, desde diversos ángulos, y
en donde se ha procurado hacer especial mención de algunos aspectos importantes de la doctrina que quizá han
sido menos resaltados en la de nuestros Místicos. Además
de prestar especial mención a ciertos puntos más difíciles de entender y que están contenidos, sobre todo, en los
escritos de San Juan de la Cruz.

4. La oración contemplativa, desde El Cantar de los Cantares y la poesía mística. Antecedentes necesarios

El amor perfecto de Dios hacia el hombre espera ser correspondido con un amor también perfecto por parte del hombre hacia Dios. Pues Dios no desearía amar ni ser amado de otra manera. Y en lo que se refiere al hombre, según la medida de sus posibilidades no sería justo que respondiera al amor recibido sino también de forma *total*. Lo cual no es sino la ley fundamental del amor. Que consiste en el entero ofrecimiento por parte de la persona que ama y que espera ser correspondido, a su vez, con absoluta totalidad por parte de la persona amada.

La esposa de *El Cantar* expresa de una forma enteramente clara la total y mutua posesión de ambos amantes. La formulación del primer verso en Ca 6:3 —*mi amado es para mí, y yo soy para mi amado*— no deja de ser sorprendente e inesperada en un Libro poético del Antiguo Testamento, puesto que supone la más palmaria confesión de la posesión del alma por Dios y de la *posesión de Dios por el alma*. Tamaño reconocimiento de un *recíproco* e increíble amor, viene a ser como un adelanto de la Revelación plena del Amor de Dios, otorgado a su vez a la criatura con capacidad de respuesta, pero que normalmente no tendría que haberse realizado hasta la aparición de la Nueva Alianza:

> *Yo soy para mi amado y mi amado es para mí,*
> *el que se recrea entre azucenas.*[70]

He aquí la expresión del verdadero amor en cuanto que es verdadero amor: *Yo pertenezco a mi amado y mi amado me pertenece a mí.* Puesto que Dios toma la Lógica en todo su sentido, sucede que las cosas son para Él como son las cosas. Sin embargo a los hombres les abruma la claridad y la totalidad de la Verdad, hasta el punto de producirles vértigo, y por eso toman la Lógica sólo en porciones: entrega en diferido, amor en partes y sometido a condiciones, verdad de comprometedora aceptación en su totalidad y por eso adulterada y rebajada, etc.: *Y la Luz brilla en las tinieblas, pero las tinieblas no la recibieron.*[71]

Desgraciadamente, esta mutua y recíproca pertenencia, pese a que forma parte como elemento esencial del concepto del amor, pasa ordinariamente desapercibida en los tratados que estudian la relación amorosa divino–humana.

---

[70] Ca 6:3; cf 2:6; 7:11.

[71] Jn 1:5.

En los que siempre se habla de la unión con Dios, de la
purificación necesaria para llegar a ella, de los estados de
exaltación místicos propios de los grados elevados de oración que tienden a la contemplación de Dios, etc., etc. Pero
donde siempre suele faltar la referencia a una relación de
correspondencia mutua. Cuando, en realidad, el concepto
mismo de *relación* indica un elemento de unión que enlaza
al menos a dos personas.

De ahí se sigue que, cuando se estudia el origen y desarrollo de la oración contemplativa, también se desatiende
otro importante aspecto. Cual es el de que el alma siente ardientes deseos de sufrir los mismos padecimientos y
muerte de Cristo. Y aunque es cierto que tan importante
realidad siempre está contenida, al menos implícitamente,
en las doctrinas que estudian la oración contemplativa,
siempre sería deseable un desarrollo más completo y *explí-
cito* de este principio que tan importantes consecuencias
acarrea para la oración mística. El deseo de la necesaria
purificación, en el que tanto insisten los tratadistas y los
mismos místicos, y que efectivamente no puede calificarse
sino como altamente razonable, no suele ser superior, sin
embargo, en el alma al de *sufrir por sí misma el mismo
destino que la persona amada:*

¡Si al recorrer el valle yo pudiera
en el bosque de abetos encontrarte,
para que, al fin, de nuevo al contemplarte
muerte de amor contigo compartiera...![72]

El deseo de poseer en totalidad a la persona amada, unido al de convertirse también en pertenencia de ella, responden a la ansiedad de compartir cada una el destino de la otra. Dentro de una plenitud que se extiende al deseo de compartir tanto lo bueno como lo malo, la alegría como el dolor, la felicidad como el sufrimiento: *Alegraos con los que se alegran, llorad con los que lloran.*[73]

Pero el recíproco *tú* y *yo*, expreso o implícito, elemento inseparable de la relación amorosa y de la íntima unión de ambos amantes, tampoco suele ser olvidado por la poesía mística. San Juan de la Cruz, mediante su descripción de la intimidad de las relaciones amorosas entre el Esposo y la esposa lo expresa bellamente, si bien no de una forma directa. La esposa se ha introducido *en el ameno huerto deseado*, y ahora reposa, *el cuello reclinado*, sobre los brazos del Amado:

---

[72] *CFC*, 27.
[73] Ro 12:15.

Entrádose ha la esposa
en el ameno huerto deseado,
y en su sabor reposa
el cuello reclinado
sobre los dulces brazos del Amado.[74]

Cuando se habla de la oración, no se puede prescindir de los profundos sentimientos que el alma experimenta en la intimidad de su conversación con Jesucristo, los cuales vienen a traducirse en un gozo indecible. Es éste uno de los alicientes que la impulsan a buscar con ansiedad una relación de intimidad en la que acaba por caer abrumada en medio de sentimientos que, mejor que palabras, más bien parecen latidos del corazón al experimentar la cercanía del Esposo. Pero la ansiedad de encontrarse juntos también es compartida por Él. E igualmente ambos desean que la mutua compañía de la que gozan dure por un tiempo que nunca finalice:

Me requirió el Amado
para que de las cosas me olvidara,
y fuérame a su lado
mientras que el Sol sus rayos otorgara
y a la noche la Luna iluminara.[75]

---

[74]San Juan de la Cruz, *Cántico Espiritual.*
[75]*CFC*, 34, 61.

Una vez más, la poesía mística trata de cantar a su manera el misterio de la relación amorosa divino–humana. Utiliza para ello metáforas literarias cuyas palabras aprovechan la belleza contenida en la naturaleza, por lo que alude a cosas como el perfume de las flores, el seductor encanto de las cenas nocturnas o la misteriosa energía amorosa *que mueve al sol y a las demás estrellas*, en frase del Divino Poeta:

> *Amado, yo quisiera*
> *al aire del jardín gustar tu cena,*
> *pues es la primavera*
> *y el aire ya se llena*
> *de perfumes de salvia y hierbabuena.*[76]

> *Mi Amado, subiremos*
> *al monte del tomillo y de la jara,*
> *y luego beberemos*
> *los dos, en la alfaguara,*
> *el agua rumorosa, fresca y clara.*[77]

Es lamentable que ciertas formas de oración —por lo demás legítimas y absolutamente necesarias— como la

---

[76] *CFC*, 47.
[77] *CFC*, 49.

oración de súplica o la que sirve para expresar dolor y arrepentimiento ante Dios, hagan olvidar la existencia de otras de orden más elevado, como son todas las formas de oración mística. Tampoco el dolor, como motivo determinante del amor, suele ser motivo de excesiva atención en los tratados dedicados a la oración. Sin embargo, la fuerza del sufrimiento como motivo impulsor del amor, es más intensa que la que se deriva de la alegría. La persona amada es vista con alegría cuando se muestra feliz, aunque indudablemente es objeto de un mayor amor cuando aparece como sujeto de sufrimiento. Situaciones que no pueden extrañar cuando se considera que el dolor es patrimonio de esta Tierra (llamada por algunos *Valle de Lágrimas*), mientras que la felicidad es más bien una condición que pertenece al Cielo.

Sin embargo, y aunque parezca cosa singular y contradictoria, el dolor cuyo motivo último determinante es el amor nunca es una mera ocasión para la tristeza, sino también y sobre todo para el gozo. Pues no debe olvidarse que el hombre es peregrino en un país extraño donde el artículo más fácil de encontrar es el dolor. El cual, al contrario de lo que muchos pudieran pensar, es un extraordinario motivo de bienaventuranza: *Bienaventurados los que lloran, porque ellos serán consolados.* Pocas veces se habrá caído en la cuenta de que llamar bienaventurados a los que lloran es una de las (aparentes) mayores incongruencias jamás pronunciada por lengua humana; y de ahí la grandeza que supone el atrevimiento de proclamarla.

El dolor es para el alma la más segura garantía que puede conducirla hasta el Esposo Divino. Cualquier cristiano, ya por el hecho de serlo, está destinado a caminar por la abrupta senda que conduce a la vida (Mt 7:14). Aunque no cabe duda de que, una vez que haya recorrido los difíciles caminos de su existencia, acabará por escuchar algún día la llamada del Esposo. Así como lo mismo ocurrirá —procuramos no abandonar nuestro tema— con quien se atreva a intentar superar los duros momentos iniciales de la oración. Y tanto los unos como los otros se verán en necesidad de batirse en lucha contra un mundo siempre dispuesto a perseguir a quienes deseen vivir según Cristo (2 Tim 3:12). Si bien, en la medida en que la participación de cada uno en los sufrimientos de Cristo sea más intensa, también mayor será el grado de amor alcanzado y más abundantes los frutos producidos (Jn 12:24).

Al final, colmada la multitud de trabajos y superadas las pruebas ocasionadas por la ausencia de Dios, escuchará el alma la tan deseada voz del Esposo. El cual cuidará de hacerse eco de los difíciles caminos por donde ella tan trabajosamente ha debido transitar. Y por eso la llamará para que acuda a Él desde donde quiera se encuentre: ya sean los riscos de los montes, las guaridas de las fieras o las cavernas desconocidas; y todo con el fin de conducirla hasta el lugar feliz de la oración de unión. Las metáforas poéticas que utiliza el Libro sagrado son verdaderamente hermosas, de manera que causan admiración las descripciones que utiliza para significar la diversidad de vericuetos y la variedad de dificultades que el alma ha debido superar, a fin de poder contemplar la llegada de ese momento:

> *Ven del Líbano, esposa,*
> *ven del Líbano, llega,*
> *ven de la cumbre del Amana,*
> *de las cimas del Sanir y del Hermón,*
> *de las guaridas de los leones,*
> *de los montes de las panteras...*[78]

No acostumbramos los cristianos a tener suficientemente en cuenta que Jesucristo, al vencer definitivamente al pecado y a la muerte, acabó con las consecuencias nefastas que ambos habían acarreado al ser humano. De ahí que la muerte y el dolor *hayan cambiado de signo* gracias a Jesucristo, y del modo como solamente la Sabiduría infinita de Dios podía imaginar. Desde entonces el dolor se

---

[78] Ca 4:8.

ha convertido también en un principio capaz de elevar el índice del amor divino–humano hasta extremos inconcebibles.[79]

La *Redención* operada por Jesucristo fue causa de la elevación de la naturaleza humana, desde el estado de naturaleza *caída* en el que se encontraba por motivo del pecado, al de naturaleza *reparada* y su reconciliación con Dios. Gracias a la Redención, las puertas de la Salvación quedaron abiertas para todos los hombres, con tal de que ellos mismos estuvieran dispuestos a alcanzarla mediante su necesaria cooperación personal.

En el Corazón de Jesucristo, y siempre en cumplimiento de los designios del Padre, estuvo presente el deseo de *hacer suyos nuestros pecados*. Aunque no ya en el sentido de hacer más efectiva y segura nuestra Redención o de atribuirse las consecuencias de la culpa, sino en el de la obediencia a un sentimiento brotado de lo más profundo del amor y que no era sino el de *sufrir con nosotros*.

---

[79] Es cierto que ciertas almas bienaventuradas, viviendo todavía en esta Tierra y gracias a su elevado amor a Jesucristo, han compartido de modo extraordinario los sentimientos de su Pasión y Muerte; por lo que les fueron otorgadas gracias místicas especiales como la *transverberación* o la *estigmatización*. Pero el reducido número de las que han sido objeto de tan singulares fenómenos demuestra la escasa consideración que, tanto los Sufrimientos como la Muerte de Cristo, han merecido en la práctica de la oración mística.

O dicho de otra forma, el de *sentir en su propia carne
nuestros mismos sufrimientos*. Consecuencia de un amor
tan grande como para no soportar vernos sufrir *sin hacer
suyos también nuestros sufrimientos*. Lo que significa que
no solamente quiso sufrir *por* nosotros, sino también *con*
nosotros.

Con lo que quedó abierto el camino hacia la posibilidad
de la oración contemplativa, que es el punto culminante de
la cuestión objeto de este estudio. Pues la relación amorosa divino–humana, una vez hecha realidad la Encarnación
del Verbo, solamente es posible gracias a la *Naturaleza Humana de Jesucristo*, y de ahí que nuestras especulaciones
hagan de este problema la cuestión central.

Por nuestra parte, estamos convencidos de que una mayor insistencia en la Naturaleza Humana de Jesucristo, por
parte de nuestros Místicos, habría hecho más comprensi-
bles, a la vez que más flexibles y *humanas*, sus doctrinas
sobre las relaciones divino–humanas. En concreto, sobre
todo lo referente a la posibilidad y desarrollo de la oración
mística. Por eso partimos aquí de la base del comporta-
miento en las relaciones del amor puramente humano, tal
como lo hace también *El Cantar de los Cantares*. Así se
hace posible que las relaciones divino–humanas puedan ser
descritas en términos expresivos e inteligibles, semejantes
a aquéllos en los que se desenvuelve el amor meramente

humano, tales como la mutua búsqueda del Esposo y la esposa, sus justas y torneos en su relación de amor, la ternura y los términos afectuosos con los que mutuamente se tratan, la recíproca ansiedad ante las ausencias, la espera del uno con respecto al otro o viceversa, etc.

Pues el alma humana no puede amar a Jesucristo, hasta llegar al grado de rendido enamoramiento que requiere el perfecto amor, *si no lo ama como Hombre y como Dios.* Su amor a Jesucristo *comienza* en la percepción, a través de la fe, de su Naturaleza Humana, a la que *sigue* la de su Naturaleza Divina. Y por medio de esta última, a la de su Persona divina. Sin posibilidad alguna de caminos que la lleven *directamente* al amor de Dios, puesto que *nadie viene al Padre sino por mí.*[80] Y si esto no fuera así, resultaría bastante difícil entender para qué se hizo Hombre el Hijo de Dios.

Sin olvidar, por supuesto, que el alma ama a la Persona de Jesucristo *en un solo y mismo acto de amor.* En el que la sucesión de las dos percepciones aludidas es puramente lógica y no temporal, tal como ya fue suficientemente explicado en la Parte Primera de este estudio.

El alma ama a Jesucristo *al modo humano* aunque elevado por la gracia. Mientras que la Persona de Jesucristo

---

[80] Jn 14:6.

la ama, a través de un acto único de amor, *al modo divino* al mismo tiempo que *al modo humano*. Lo cual es posible gracias a la llamada *unión hipostática*, o expresión que designa el misterio de la posesión de la doble Naturaleza por la única Persona divina que es Jesucristo.

Gracias a lo cual, y a través de los diversos grados de desarrollo de la oración mística, el alma *ama cada vez más a Jesucristo, al mismo tiempo que se siente cada vez más amada por Él*. Sentimiento que, tal como se acaba de insinuar, no se refiere exclusivamente a la criatura sino que, como todo lo que sucede en el amor y según la conocida ley de la reciprocidad, debe ser atribuido igualmente a Jesucristo (en su modo de amar a lo divino, pero también al modo humano). Sin lo cual la oración mística, y en general todo el desarrollo de la relación amorosa divino–humana, serían impensables. Después habremos de referirnos a la doctrina cristológica de la *comunicación de idiomas*, que es otro de los misterios cuya naturaleza y comprensión son el eje de la doctrina aquí expuesta sobre la oración mística.

Así queda ya trazado el esquema completo de las relaciones de amor divino–humanas: Jesucristo ama al alma humana en su condición de *Verdadero Dios* pero también como *Perfecto Hombre*. Es un amor *divino–humano* que es correspondido en reciprocidad por el alma con un amor humano pero que, en realidad, viene a ser *humano–*

divinizado.[81] De donde se concluye, de ser cierto todo lo expuesto, la dificultad de entender la doctrina de San Juan de la Cruz referente a la necesidad de prescindir de la idea de la Humanidad de Jesucristo, una vez alcanzados los grados más elevados de la oración de unión.

Si se admiten estas consideraciones, queda facilitada la tarea de explicar el funcionamiento de la relación amorosa divino–humana. Utilizando un punto de vista desde el que se comprende mejor la conveniencia de utilizar como hilo conductor el Libro de *El Cantar de los Cantares.* Cosa que haremos acudiendo a lo esencial de la relación amorosa humana concretada especialmente en el amor y la unión conyugal, tal como hace también *El Cantar.* Todo lo cual hará más aparentemente *humana* y accesible una Espiritualidad que, sin perder un ápice de profundidad y de la verdad de sus contenidos, quizá pueda abrir horizontes a fin de que sean vistos como menos difíciles los caminos de la oración mística.

Conviene no olvidar a lo largo de este estudio las necesarias condiciones de bilateralidad y reciprocidad propias del amor, subrayadas aquí con particular insistencia y sin cuya consideración no hubiera sido posible su elaboración.

---

[81]El alma ama siempre *a modo humano* por más que sea elevado por la gracia, desde el momento en que cada ser obra conforme a su naturaleza, elevada o sin elevar.

Se trata de un factor de extraordinaria importancia acerca del cual las doctrinas místicas clásicas *no suelen insistir*, ni en cuanto a su oportunidad ni en cuanto a su necesidad; lo que vale más particularmente por lo que hace a la obra de San Juan de la Cruz. Mientras que aquí, por el contrario, toda la especulación desarrollada acerca de las relaciones amorosas divino–humanas se fundamenta en ese punto.

Y puesto que en este estudio se parte de la base de que el alma se enamora de Dios *en la Persona de Jesucristo*, conviene recordar, siquiera sea someramente y en relación con la doctrina de la unión hipostática y de la doble naturaleza —Divina y Humana— en Jesucristo, la doctrina llamada en Teología cristológica *comunicación de idiomas*. Quizá no sea necesario recordar que ambas Naturalezas pertenecen como propias a la Persona divina de Jesucristo, formando un todo único de perfecta unión aunque sin confusión alguna entre las partes.

Por la unión hipostática de las dos Naturalezas en Jesucristo, la doctrina conocida con el nombre de *comunicación de idiomas* permite atribuir a la Persona Divina de Jesucristo cualidades propiamente humanas, siempre que no supongan defectos incompatibles con la Divinidad. Así aparecen situaciones en las que hallamos a Jesucristo, por ejemplo, haciendo preguntas con las que intenta hacerse cargo de lo que sucede en derredor suyo o de los deseos de alguien (y en las que no hay que suponer voluntad de fingir); o en las que se muestra ajeno a la realidad circundante (como sucedió en ciertos momentos de peligro en medio del lago a causa de la tempestad, donde tuvo que ser despertado por sus discípulos). También existen otras ocasiones en las que aparece afectado por sentimientos de gozo, de tristeza o dolor, e incluso de ira en determinadas circunstancias, etc. Condiciones necesarias a tener en cuenta para el entendimiento del modo de comportarse las relaciones de amor divino–humanas.

5. La relación amorosa divino–humana a través de nuestro método de acceso a la oración contemplativa

Después de lo dicho anteriormente, ya estamos en mejores condiciones para reflexionar sobre la relación amorosa divino–humana.

Parece lógico comenzar centrando nuestra atención en los primeros grados y momentos iniciales de la oración mística. Que son aquéllos en los que el alma empieza a sentir las primeras emociones amorosas causadas por Dios, con su consiguiente descubrimiento de la superioridad que el amor divino ostenta sobre el amor humano.

La situación en la que dos personas se enamoran suele tener lugar de modo progresivo. Comienza por un momento inicial de mutuo conocimiento, al que sigue ordinariamente un proceso en el que ambas personas acaban prendidas cada una de ellas con respecto a la otra.

Aquí es donde pueden apreciarse las semejanzas ente el amor divino–humano y el meramente humano, las cuales pueden utilizarse como elementos de ayuda descriptiva. Que es el procedimiento que sigue *El Cantar de los Cantares* a medida que va describiendo el proceso de la relación amorosa divino–humana, dentro de un peculiar escenario cuyos actores son Dios y la criatura. Cualquier otra interpretación con respecto al objeto principal del Libro sagrado, convertiría en inútil toda la argumentación que viene a continuación.

Dios toma siempre la iniciativa (1 Jn 4:19) para llevar a cabo un paulatino camino hacia la seducción del alma, en el que no cabe descartar una recíproca acción del alma con respecto a Dios, según las conocidas reglas del amor.

El proceso por el que el alma llega a enamorarse de Dios *en Jesucristo*, fue convenientemente explicado en la Parte Primera de este ensayo. Por lo que ya se habrá comprendido suficientemente que el punto central de esta especulación trata de establecer un paralelismo entre la relación de amor divino–humana y la oración contemplativa, tanto en su origen como en su progresivo desarrollo.

Si pretendemos que las relaciones amorosas divino–humanas, que precisamente van a ser explicitadas a continuación, posean un significado *real* y no meramente literario, es necesario admitir que Dios realiza estas acciones otorgando una *prioridad* de intervención a la Naturaleza Humana de Jesús. Dando por supuesto que es siempre la Persona divina de Jesús la que ama (el amor sólo existe entre personas), existen determinados momentos (recuérdese la doctrina de la *comunicación de idiomas*) en los que Jesucristo interviene por medio de su Naturaleza Humana (como en la muerte en la Cruz), que entonces aparece en un especial primer plano. El alma humana, que ama siempre al modo humano aunque divinizado, necesita percibir la *presencia* de la Humanidad de Jesucristo dentro de una cierta *prioridad* en sus relaciones de amor con Él. Aunque, como ya hemos dicho con insistencia, lo ama en un acto único en el cual lo recibe a la vez como Dios y como Hombre.

El Esposo comienza explicando en *El Cantar* el modo como se enamoró de la esposa:

Prendiste mi corazón, hermana, esposa,
prendiste mi corazón en una de tus miradas,
en una de las perlas de tu collar.[82]

Este primer encuentro con el Señor produce un impacto en el alma que la marca para toda su existencia. El alma se siente herida de amor y como fuera de sí misma ante el hecho del descubrimiento, por primera vez, de una forma de amor que hasta ahora le había resultado desconocida.

Sin embargo, aquí sucede también la misma eventualidad que marca todos los acontecimientos de la vida humana. Pues Dios no permite que el alma que lo ama, una vez que ha emprendido el verdadero camino, piense que ha descubierto un modo de felicidad en el que no existen tropiezos ni obstáculos. El alma que se decide a adentrarse en la oración mística, cuyo objetivo no es otro que el de la unión con Dios, ha de contar con que aparecerán en su andadura multitud de situaciones en las que abundará una variedad de sentimientos mezclados: en los que existirán momentos de alegría, que otras veces serán de dolor, junto a instantes de luz alternando con otros de oscuridad, y donde no faltará tampoco la angustia que produce la ausencia del Señor y la consiguiente desesperanza.

---

[82]Ca 4:9.

El alma no puede extrañarse de algo que puede suceder en cualquier momento: que Dios se esconda y que incluso parezca haberla abandonado por completo:

> *Al paso me miraste*
> *en silenciosa insinuación de amores,*
> *y luego me dejaste*
> *buscando en los alcores*
> *en los riscos de gamos saltadores.*[83]

Hemos insistido a menudo en que los acontecimientos que más profundamente afectan al corazón humano, los cuales son la causa inmediata de tan diversas reacciones y tan variadas formas de respuesta, son mejor expresados por la poesía que por la prosa. De nuevo la insuficiencia del lenguaje humano, en el que las palabras no consiguen abarcar jamás el significado de los conceptos, ni donde los conceptos poseen nunca la fuerza suficiente para reflejar los sentimientos del alma. San Juan de la Cruz se hace eco de lo que venimos hablando en una de sus más bellas estrofas:

---

[83] *CFC*, 102.

¿Adónde te escondiste,
Amado, y me dejaste con gemido?
Como el ciervo huiste
dejándome herido;
salí tras Ti clamando y eras ido.[84]

A un primer período de entusiasmo, cuya duración siempre indeterminada depende de las decisiones de la Sabiduría divina, sigue otro de posibles decepciones en el que el alma corre el peligro de abandonar. Sin duda que es cosa que depende de los designios de Dios, quien permite esa situación para que el alma aprenda que no gozará de las delicias del amor divino si no experimenta primero las de la Cruz de su Salvador. De ahí que sólo las almas dotadas del suficiente espíritu de fortaleza son capaces de emprender estos caminos y luego seguir en ellos. Que justamente por eso son escasas las que los continúan y menos aún las que los acaban.

Lo normal es que las almas que poseen un noble corazón, por más que sufran el dolor de la ausencia del Amado, no estén fácilmente dispuestas a abandonar. Sería perder la gran oportunidad de iniciar el camino de la santidad, única cosa para la cual el hombre ha sido creado. Cuando es lo más probable que ya no se ofrezca otra, según el

---

[84]San Juan de la Cruz, *Cántico Espiritual.*

dicho atribuido a San Agustín: *Teme al Señor que pasa y que quizá no vuelva.*

Una de las pruebas del verdadero amor es que siempre estará decidido a ser constante en la adversidad, sufrido en el dolor e impasible ante el desaliento. El alma enamorada jamás abandonará su búsqueda apasionada, en la seguridad de que al fin acabará encontrando al Amado de su alma:

> *En la oscuridad he vivido*
> *de nostalgia alimentado,*
> *y tan de amores herido,*
> *que muero, pues no te he hallado.*
>
> *¿Oíste al fin mis gemidos...?*
> *¡Si acaso el triste lamento*
> *llevara en alas del viento*
> *mi llanto hasta tus oídos...!*[85]

Como es fácil de suponer, la poesía mística humana no hace sino seguir los pasos de la poética de *El Cantar de los Cantares.* Una y otra expresan los mismos sentimientos de nostalgia y de dolor por la ausencia del Esposo, aunque ambas descubren pronto que tales sufrimientos, como por paradoja, contienen en realidad la clave del verdadero

---

[85] *CFC,* 103.

gozo, como fruto precioso que procede directamente del Espíritu Santo.

Y puesto que no nos conviene apartarnos demasiado del hilo conductor de *El Cantar de los Cantares* —lo que daría la sensación de que estamos estableciendo doctrina por nuestra cuenta—, oigamos los lamentos de la esposa con las mismas palabras del Libro sagrado.

Ciertamente que a veces su poesía puede parecer brusca y descarnada. Aunque no debemos olvidar que se trata de la traducción de manuscritos antiguos, escritos en un lenguaje también demasiado antiguo por un Pueblo cuya filosofía y modo de lenguaje fueron absolutamente distintos a los nuestros. Pero con todo, fácilmente se adivina la grandeza y belleza de una poesía que, en último término, procede de lo Alto:

> *Me levanté para abrir a mi amado,*
> *mis manos destilaban mirra*
> *y mis dedos se impregnaron de exquisita mirra*
> *en el pestillo de la cerradura.*
> *Abrí a mi amado,*
> *pero mi amado se había ido, desaparecido.*
> *Le busqué, mas no le hallé.*
> *Le llamé, mas no me respondió.*[86]

---

[86]Ca 5: 5–6.

Con lo que se inicia la búsqueda, ordinariamente larga y dolorosa, que pone a prueba el temple de las almas que han emprendido la vida de oración. De momento, el camino parece largo y difícil, aunque con la feliz circunstancia de que, como dice el poeta, es *la búsqueda ansiosa de un alma enamorada:*

> *¡Oh amarga senda, dura y empinada,*
> *larga y abrupta, de aridez rocosa,*
> *que convirtió mi vida en azarosa*
> *búsqueda ansiosa de alma enamorada!*[87]

Lo que hace que no sea una búsqueda ordinaria. La tarea de hallar a la persona amada no equivale a la de intentar encontrar un tesoro cualquiera, desde el momento en que el objeto aquí buscado es *el mayor de todos ellos,* a cambio del cual nada de lo que existe podría considerarse como algo que lo igualara:

> *Si alguno ofreciera por el amor toda su hacienda,*
> *sería despreciado.*[88]

---

[87] *CFC,* 92.

[88] Ca 8:7.

El alma que con ansiedad trata de encontrar a su Señor a través de la oración, aun contando con el dolor de
no haberlo hallado todavía, siente inundarse su corazón
por el gozo de la tarea misma que está llevando a cabo.
La posibilidad del encuentro con Jesús, como el sedien-
to caminante en el desierto que presiente la cercanía del
agua, aumenta sus ansias junto a la alegría de un probable y próximo hallazgo. Dios no deja de tener compasión
de tantas pobres almas que, cargadas con el peso de sus
pecados y de sus muchas faltas aún no reparadas, se consideran suficientemente pagadas con que simplemente *se les
permita buscarlo.* Porque, de todas formas, *el que busca,
encuentra, y al que llama, se le abre.*[89] Y si Dios es capaz
de adoptar la forma de humilde peregrino que llama a la
puerta implorando que se le abra,

> *Ábreme, hermana mía, esposa mía,*
> *paloma mía, inmaculada mía.*
> *Que está mi cabeza cubierta de rocío*
> *y mis cabellos de la escarcha de la noche,*[90]

también las almas que se saben demasiado pequeñas se
conforman, por eso mismo, con aspirar *a las migajas que*

---

[89]Mt 7:8; Lc 11:10.
[90]Ca 5: 2–3.

caen de la mesa de su amo (Mt 15:27). La oración contemplativa, los elevados grados de unión con Dios, el íntimo trato amoroso del Esposo con la esposa... Pero quizá estas numerosas almas —¿acaso nosotros no hemos sentido alguna vez brotar lágrimas de alegría en nuestro rostro al conocer que estamos entre ellas?—, como el ciego de Jericó, solamente se atreven a pretender, bien que desde lejos, a *seguirle por el camino* (Mc 10:52). Y con sólo eso ya se sienten felices.

Uno de los mayores misterios de la vida espiritual consiste en que la búsqueda ansiosa de Dios, por dolorosa y larga que pueda parecer, y puesto que está enteramente animada por el amor, se convierte en motivo de maravillosa felicidad para el alma. Mientras que, por el contrario, todos los proyectos humanos encaminados a buscar la felicidad en los bienes de este mundo van siempre marcados por el signo de la caducidad, por no hablar de su intrínseca incapacidad para colmar el corazón; como la realidad pronto se encarga de confirmar.

Durante su apasionada búsqueda de Dios, a través de los vericuetos que entrecruzan los caminos de la oración mística, es normal que el alma se encuentre a menudo desorientada y casi al borde de la desesperanza. Aunque siempre acaba divisando alguna luz que la conduce hasta otros senderos, más venturosos y transitables, donde el

mero presentimiento de la cercanía del Esposo hace ya
imposible la presencia del dolor:

> *Llegué a una encrucijada del camino*
> *sin saber de mi vida su destino,*
> *y al caer de la noche el negro velo*
> *perdido me encontré y en desconsuelo.*
> *Mas cruzó por el cielo un haz de estrellas*
> *y vi que yo formaba parte de ellas.*[91]

La oscuridad que a veces envuelve la búsqueda empren-
dida por el alma nunca es tan intensa como para identi-
ficarla con las tinieblas, y ni siquiera durante las terribles
Noches (del *Sentido* o del *Espíritu*) descritas por San Juan
de la Cruz, llega a sentirse el alma tan abandonada de Dios
como para caer en la desesperación. La dolorosa angustia
de las *Noches*, por muy dura que pueda parecer, jamás
deja de ir acompañada del misterioso *presentimiento* de la
presencia del Espíritu; uno de cuyos frutos, como se sabe,
es precisamente el del gozo (Ga 5:22).[92]

---

[91] *CFC*, 91.

[92] La Espiritualidad mística distinguiría entre estados de ánimo de
tinieblas o de *noche*, así como entre estados de *desesperación* o de
desesperanza, según que su origen en Dios o sean causados por el Mal
espíritu; con efectos enteramente contrarios.

Pero los momentos de oscuridad o los estados del alma de las *Noches* son períodos de transición, y no pueden considerarse tan constantes y continuos como para convertir las relaciones amorosas divino–humanas en algo imposible. Lo lógico sería —o al menos eso es lo que parece— que las relaciones amorosas discurran normalmente, en las que quienes se aman se encuentren y se traten, se hablen el uno al otro, se contemplen mutuamente y se intercambien frecuentes afectos de amor.

Todo lo cual tiene lugar, como siempre, a través del velo de la fe. Santa Teresa hablaba de las diversas fases de su percepción de la presencia del Esposo, distinguiendo entre las que ella llamaba visiones imaginarias (a través de la imaginación, pero reales) e intelectuales.

San Juan de la Cruz, sin embargo, que es mucho más radical que Santa Teresa en este punto, insiste firmemente en que tales visiones o locuciones *deben ser rechazadas siempre y en todo caso*, sin distinción alguna y aunque parezcan tener su origen en Dios, o que de hecho efectivamente lo tengan. Y por supuesto que el Santo (siempre de acuerdo a su doctrina) fundamenta sus exigencias, aún más que en el hecho de prevenir el peligro de posibles engaños del demonio, en el estorbo que tales fenómenos pueden suponer para una perfecta unión de Dios con el alma. La cual debe considerarse —para llevar a cabo tal unión—

enteramente liberada de toda clase de cosas, tanto buenas como malas, materiales como espirituales. Pero en este tema nos sentimos más próximos a la doctrina de la Santa de Ávila. Aunque teniendo en cuenta, con respecto a los fenómenos místicos que exceden lo que puede considerarse como ordinario (tales como visiones, revelaciones o locuciones), que *jamás deben ser deseados o buscados por sí mismos*, puesto que tal cosa daría libre paso a los engaños del demonio.[93] Lo más recomendable aquí, por lo tanto, es dejar que las cosas sigan su curso, sin otro deseo que el de agradar a Dios y el de amarlo cada vez con mayor intensidad, además de ponerse confiadamente en sus manos. Sin olvidar la necesidad de aceptar someterse en todo caso a las normas y consejos de una dirección espiritual seria y competente, sin dejarse guiar nunca por el propio criterio ni aceptar sin discreción sus orientaciones.

También habla Santa Teresa de sus conversaciones mantenidas con Nuestro Señor (locuciones), distinguiendo de nuevo entre *imaginarias* e *intelectuales* y aportando crite-

---

[93]Una virtud especialmente importante, en la que Satanás despliega especiales esfuerzos para ejercer el engaño, es la de la humildad. Cuando el alma comienza a creer, por ejemplo, que va alcanzando progresos por el camino de la humildad, puede estar segura de que es por el de la perdición por donde va caminando.

rios para discernir las auténticas de las que tienen su origen en la imaginación de la propia alma. Según la Santa, no es posible dejar de conocer cuando se trata de auténticas locuciones divinas, puesto que es el Señor mismo quien se encarga de otorgar la necesaria evidencia.

Se trata de un punto a tener en cuenta por el alma en la práctica de la oración. Y nos estamos refiriendo a la posibilidad de confundir lo que parece provenir del Señor con lo que no es sino producto de la propia imaginación. Si se trata de lo primero, los dichos que proceden del Señor mismo *llevan consigo la nota de inconfundible autenticidad que Él mismo les otorga.* Situaciones peculiares, sin embargo, que como es fácil de suponer, ocurren por lo general en almas avanzadas en la vida mística. Con todo, cuando no exista tal evidencia, y aun en el caso de que aparezca la más mínima duda, es mejor que el alma las atribuya a la propia imaginación; o de todas formas, como diría San Juan de la Cruz, no haga demasiado caso de ellas.

Lo que no significa en modo alguno que el alma deba apresurarse a rechazarlos como falsos, ya que es absolutamente normal que Dios inspire al hombre pensamientos y buenos deseos a través de la imaginación. En realidad, todas las inspiraciones que el alma recibe en orden a su propio bien proceden del Espíritu Santo: *Por eso os declaro que nadie que hable en el Espíritu de Dios dice: "¡Anatema*

Jesús!", *y nadie puede decir: "¡Señor Jesús!", sino por el Espíritu Santo.*[94] Y si se hace caso omiso de tal cosa, se hace imposible el desarrollo de la vida mística tal como la habíamos venido describiendo hasta aquí. Únicamente se requiere que el alma recuerde la dificultad que supone la práctica de la verdadera humildad, así como la sutileza con que suelen producirse las insinuaciones del demonio.[95]

Pasados los difíciles momentos, es el mismo Esposo quien llama insistentemente a la esposa, movido por la necesidad imperante del amor. Pues, tal como hemos dicho repetidas veces, la ansiedad por encontrar a la persona amada es mayor por parte de Dios que por parte de la criatura.

Al tratar de explicarnos los primeros momentos de la vida espiritual del alma, podemos dar paso a nuestros sueños —no exentos de realidad— y dejarlos rodar, a fin de imaginar que el duro invierno había cubierto ya con su manto de nieve pueblos y lugares, que las lluvias tenían

---

[94] 1 Cor 12:3. Los criterios de discernimiento con respecto al origen (si del bueno o del mal espíritu) de tales inspiraciones son fáciles de aplicar. No hay sino observar si los efectos que producen en el alma son buenos o malos.

[95] La verdadera humildad, como suele ocurrir con las auténticas virtudes, suele ser absolutamente desconocida para quien la posee. Basta con la creencia, por parte de alguien, de haberla alcanzado ya, para poder afirmarse en la seguridad de que carece de ella.

inundados los caminos y encharcados los campos, y que el frío obligaba a las gentes a buscar presurosas el refugio de sus hogares. Pero después de que todo ya ha pasado, es cuando tiene lugar la llamada del Esposo a la esposa:

> *Levántate ya, amada mía,*
> *hermosa mía, y ven:*
> *Que ya ha pasado el invierno*
> *y han cesado las lluvias...*[96]

Ahora que ya *todo ha pasado* —el invierno, el frío, las lluvias— es el momento de escuchar la llamada del Esposo.

Sin duda que el sufrimiento habrá intensificado las ansias del alma por encontrarse con Él, y la misma perseverancia habrá sido la prueba de la autenticidad de su amor. No ya que el Esposo precise prueba alguna para saber del amor de la esposa y si ya ha alcanzado el punto de madurez necesario para hacer efectiva su entrega. Pero sí que es necesaria para la esposa la prueba del verdadero amor: la obtenida en el fuego del crisol del sufrimiento y de las obras vividas en Cristo, las cuales no son otras que el ramillete de las virtudes cristianas.

---

[96]Ca 2: 10–11.

La razón última de este proceso habrá que buscarla en las consecuencias ocasionadas por la caída. Desde entonces, sólo el sello del dolor es capaz de autenticar en la criatura la realidad del amor. Únicamente el sufrimiento soportado por causa de la persona amada, *por el gozo de saber que es por y para ella*, es la verdadera prueba del amor. El alma enamorada de Jesús se sentirá necesariamente impulsada a sufrir y morir con Él *sin desear ninguna otra cosa*.

Y en cuanto al punto a considerar como el común denominador de todo, no es otro sino el de que los enamorados *desean ardientemente, cada uno de ellos, compartir la vida del otro*. Porque el alma enamorada de Jesucristo no considera ni mide la dificultad de los sufrimientos en atención al grado de su intensidad, *sino que los acepta y desea porque son los mismos sufrimientos de su Maestro y Señor*, al cual considera como el único sentido de su existencia. De manera que el motor que impulsa el sufrimiento en Cristo es el amor (primero de los frutos del Espíritu Santo), y el ánimo que los hace, aún más que soportables incluso deseables, es el gozo (segundo de los frutos del Espíritu Santo).

He ahí el secreto de que el alma que ama a Dios sufra con alegría y encuentre siempre sentido a las pruebas y dificultades de esta vida. Mientras que quien no lo ama está destinado de todos modos a sufrir, sin otro horizonte que marque su existencia aparte del que proporciona la desesperación.[97]

Pasado ya el invierno, el frío y las lluvias, el alma se siente por fin capaz de oír la voz del Esposo. A la oscuridad sigue la luz, a la noche el día, a la tempestad la calma. Y al silencio, el dulce sonido, como llamada de clarín que suena en la lejanía, de la voz del Esposo. Ha llegado el momento de olvidar lo pasado y emprender el vuelo:

> *De tu vergel un ave*
> *por tu ausencia cantaba en desconsuelo;*
> *y oyó tu voz suave*
> *y, alzándose del suelo,*
> *a buscarte emprendió veloz su vuelo.*[98]

---

[97]Entre las penas que sufrirán los condenados en el Infierno está la eterna soledad de su *yo*, que jamás encontrará a nadie con quien *compartir* su desesperación. Nadie habrá que lo escuche, ni nadie que lo comprenda o que se considere compartiendo sus tormentos. El condenado ni siquiera podrá compadecerse de sí mismo, puesto que todas las cualidades positivas derivadas naturalmente del *yo* (como la posibilidad de la compasión) habrán desaparecido. Incluso la posibilidad de *relacionarse con otro*, punto de partida necesario en el amor, habrá quedado perdida para siempre.

[98]*CFC*, 9.

El alma se siente emocionada al oír la voz del Esposo. Quizá solamente la escuchó a través de su propia imaginación, lo que no impidió que la llamada hiciera eco en lo más profundo de su ser como si realmente fuera la de Él. Pero de todos modos poco va a importar si acaso el Esposo, aun sin haber llegado todavía, ha puesto esa ilusión en el corazón de la esposa como un adelanto de su encuentro con ella. O tal vez ha sido realmente la voz del Esposo, y es cuando ha parecido que los luminosos rayos del Cielo se esparcían sobre la Tierra. Aunque sea de ello lo que fuere, el alma siente de todos modos el ímpetu incontenible de su corazón que la empuja a cantar acerca del gozo que van a producir en ella las palabras del Amado:

> *Son tus dichos de amores*
> *como una tela de suaves hilos*
> *en un lecho de flores.*
> *Ven a mi lado, y dilos,*
> *en mi jardín de rosas y de tilos.*[99]

En el transcurso de la oración mística es imposible pensar que la esposa no oye la voz amorosa del Esposo. El modo y manera como tal cosa se lleva a cabo no viene al

---

[99] *CFC*, n. 53.

caso describirla aquí ni seguramente sería posible hacerlo; mientras que lo único que cabe asegurar es *el ardiente deseo, por parte del Esposo, de ver a la esposa y escuchar su voz*, lo que supone necesariamente la absoluta necesidad del diálogo amoroso:

> *Ven, paloma mía,*
> *que anidas en las hendiduras de las rocas,*
> *en las grietas de las peñas escarpadas.*
> *Dame a ver tu rostro, dame a oír tu voz,*
> *que tu voz es suave y es amable tu rostro.*[100]

Y el corazón de la esposa, a su vez, incluso por encima de las nebulosas vigilias del sueño, no deja de percibir la voz del Esposo:

> *Yo duermo, pero mi corazón vela.*
> *Es la voz del Amado que me llama.*[101]

Son muchos los que dejan transcurrir su vida sin haberse enterado jamás de que Dios *estaba enamorado de*

---

[100]Ca 2: 13–14.
[101]Ca 5:2.

ellos. Y son muchos igualmente los que nunca han sospechado que tuvieron la oportunidad de *enamorarse de Dios*. El Enemigo de Dios y del Hombre ha sabido difundir la idea de que la oración mística es cosa para muy pocos, misteriosamente escogidos y seleccionados. E incluso multitud de almas consagradas a Dios piensan exactamente lo mismo; justamente porque, víctimas del engaño en el que están sumidas, nunca se han detenido a pensar que la selección efectivamente existe y es Dios su principal responsable, *pero que, en último término, son los mismos hombres quienes efectivamente la deciden a través de su libre y voluntaria cooperación.*

¿Qué sabe un alma acerca de lo que ocurriría si tuviera la valentía de responder generosamente al amor de Dios? Absolutamente nada. Pues sólo Dios conoce hasta dónde podría llegar un Amor infinito ofrecido, que luego es libre y generosamente correspondido hasta la entera capacidad de amar de la criatura: *El Espíritu sopla donde quiere, y oyes su voz, y no sabes ni de dónde viene ni adónde va* (Jn 3:8). Y nadie se ha visto coartado en cuanto a la capacidad de entregar por amor su propia vida, puesto que Jesucristo habló para todos los que quisieran escucharlo sin señalar restricciones ni imponer discriminación alguna: *Quien pierda su vida por mí, la encontrará* (Mt 10:39). Existe algo, sin embargo, que puede tenerse por definitivamente seguro: que quien no responda a la llamada, no irá a ninguna parte.

Un punto importante a considerar aquí, decisivo por otra parte para la posibilidad y el desarrollo de la oración mística, es el dañoso escepticismo de muchas almas que, amedrantadas ante la posibilidad de ser engañadas por el demonio o por la propia imaginación, jamás se atreven a dar su plena confianza al amor de Dios ni a correr libremente por los senderos que conducen a la intimidad de la relación amorosa divino–humana. Sería fundamental que esas almas dieran al traste por una vez con las trabas que, en forma de temerosos recelos, les impiden creer en la realidad de que *Dios está enamorado de ellas* y de que, por lo tanto, desea tratarlas tal como lo hacen los verdaderos enamorados: en la intimidad de un amor que es realmente *humano* al mismo tiempo que también *divino* —el amor divino–humano que ha lugar entre Jesús y el alma, donde el Señor se muestra y ama a la vez como Dios y como Hombre—. Bastaría con que se dejaran llevar de la mano de Dios, *sin pensar ni desear otra cosa que amarlo y cumplir su voluntad*, aunque poniendo el suficiente cuidado (nunca obsesivo) de no caer en una excesiva credulidad y de mantenerse vigilantes acerca de la importancia de la virtud de la humildad. Pues la tendencia a considerarse alma privilegiada y objeto de especiales dones de Dios *sería la peor idea que el demonio podría inducir a cualquier alma desafortunada que estuviera dispuesta a creerla*.

Es admirable la humilde y sencilla pregunta que formula la Virgen ante el asombroso anuncio del Ángel: *¿De qué modo se hará esto, pues no conozco varón?*[102] En la que Ella trata ingenuamente de inquirir acerca de la solución de la aparente e insoluble dificultad, sin parar

---

[102]Lc 1:34.

mientes de ninguna clase en cuanto a la dignidad que el hecho suponía para Sí misma.

Dígase lo que se quiera, y tal como sucede en cualquier relación amorosa en la cual existe siempre un acontecer y un desarrollo, el alma *necesita* oír de boca de su Amado que Él la ama: ¿Y se puede concebir de otra manera una verdadera relación amorosa...? El hombre no puede amar sino al modo humano (bien que sobrenaturalizado por la gracia), de donde cabe preguntar por la razón de que su relación amorosa con Dios —relación divino–humana— fuera privada de tal condición sin dejar, no obstante, de ser relación amorosa:[103]

> *Allí, junto al Amado,*
> *en silencioso amor correspondido,*
> *estando yo a su lado,*
> *Él musitó a mi oído*
> *que también por mi amor andaba herido.*[104]

---

[103] En cuanto al modo de llevarse a cabo tal cosa, y sin necesidad de acudir a la ayuda de fenómenos extraordinarios, tampoco se le pueden poner cortapisas a Dios, cuyos modos de comunicarse con el alma son innumerables y cuya necesidad de dar explicaciones por su parte es absolutamente nula.

[104] *CFC*, 55.

Nos encontramos en un momento cumbre de la relación amorosa divino–humana. Las palabras de amor, percibidas por el alma en la oración de boca del mismo Jesucristo, poseen la capacidad de suscitar en ella un verdadero desgarramiento del corazón, además de la intensa impresión de hallarse fuera de sí. Pues no cabía esperar otra cosa de las palabras pronunciadas por Alguien que es *fuego que consume*.[105] Tal es el extraordinario gozo que hasta puede hacer creer al alma que se halla fuera del tiempo y olvidada, por fin, de todas las cosas:

> *Quedéme y olvidéme,*
> *el rostro recliné sobre el amado,*
> *cesó todo, y dejéme,*
> *dejando mi cuidado*
> *entre las azucenas olvidado.*[106]

No es extraño que en tales circunstancias el alma, temblorosa y consumida por la emoción, ruegue al Señor que mitigue sus palabras amorosas ante la posibilidad de desfallecer de amor:

---

[105]Heb 12:29.
[106]San Juan de la Cruz, *Noche Oscura*.

Si de nuevo me vieres
allá en el valle, donde canta el mirlo,
no digas que me quieres,
no muera yo al oírlo
si acaso Tú volvieras a decirlo.[107]

El misterio de amor de las relaciones divino–humanas, plasmado a su vez en la oración mística, es inexpresable. Por eso es lamentable que la seriedad espartana y la sequedad de los tratados de oración, junto a las tremendas exigencias de desprendimiento y de total anulación, incluidas las facultades del alma, tal como se derivan de la doctrina de San Juan de la Cruz,[108] induzcan en muchos un equivocado temor a la vida de oración junto a la falsa creencia de que se trata de un elemento de la existencia cristiana reservado a pocos. De este modo, los maravillosos frutos del jardín donde se recoge *de mi mirra y de mi bálsamo y se come la miel virgen del panal*, según asegura el

---

[107] *CFC*, n. 52.

[108] San Juan de la Cruz es un insigne Doctor de la Iglesia y, a nuestro entender, el Príncipe de la Mística cristiana. Insisto en que las puntualizaciones señaladas en este estudio con respecto a ciertos puntos de su obra no significan un rechazo; sino que son una mera verificación de que están elaborados sobre la base de unos puntos de vista distintos a nuestros planteamientos.

Esposo,[109] quedan excluidos para siempre de la posibilidad de ser gustados por la inmensa mayoría de los cristianos.

Y con las palabras de los enamorados, sus mutuas miradas de amor. El alma percibe a Jesucristo en esta vida solamente a la luz de la fe. Pero que es más que suficiente para inducirle el sentimiento de que la mirada amorosa del Amado es un elemento indispensable en la relación existente entre enamorados. El mismo Dios lo reconoce al confesar su amor por la esposa:

> *Prendiste mi corazón, hermana mía, esposa,*
> *prendiste mi corazón en una de tus miradas,*
> *en una de las perlas de tu collar.*[110]

Existe un inefable alternar de miradas, del Esposo a la esposa y de la esposa al Esposo, en donde sería difícil distinguir quién mira a quién, puesto que ambos se sienten animados por un mismo corazón:

---

[109]Ca 5:1.
[110]Ca 4:9.

Es tierno tu mirar, luz de la aurora,
que al mismo sol seduce y enamora;
tu llanto es un rocío matutino
que induce a la embriaguez de un dulce vino.
Y al descansar tus ojos en los míos,
mis lágrimas semejan anchos ríos.
Pues tu suave mirar, tan hondo hiere,
que aquél en quien se posa, de amor muere.[111]

Uno de los puntos esenciales de la relación amorosa, ya sea meramente humana o divino–humana, es la *reciprocidad*. Por lo que es también un factor importante a tener en cuenta en la oración mística.

De ahí se desprende que el deseo y la ansiedad de la esposa por encontrar al Esposo son correspondidos por la ansiedad y el deseo, aún mayores, del Esposo por encontrar a la esposa.

El Esposo incluso llega en su búsqueda hasta golpear la puerta en su afán por encontrar a la esposa: *He aquí que estoy a la puerta y llamo. Si alguno escucha mi voz y me abre...*[112] O como se dice en *El Cantar*, también lo hace a través de alguna llamada cuyo carácter implorante evidencia sus deseos de reunirse con la esposa:

---

[111] *CFC*, 76.
[112] Ap 3:20.

Ábreme, hermana mía, esposa mía,
paloma mía, inmaculada mía.
Que está mi cabeza cubierta de rocío
y mis cabellos de la escarcha de la noche.[113]

Es interesante notar que la reciprocidad en la relación amorosa divino–humana es uno de los puntos más olvidados en los escritos de los místicos y de los autores de Espiritualidad.

No es infrecuente que la figura de Dios aparezca como la de un Ser Infinito, digno de ser adorado y contemplado, pero no como un Ser que ama y tiene puestos los ojos en la persona amada. De esa forma Dios es un Ser amado, pero no amante. Suele aparecer como seductor, pero no como seducido. Como quien escucha, pero no como quien habla. Como quien tiene los oídos atentos para toda clase de requiebros o de peticiones, pero no como quien los profiere con palabras encendidas de amor hacia la persona amada. Como Señor, pero no como amigo. Como quien es capaz de enternecer hasta las lágrimas a un alma enamorada, pero no como quien es capaz de derramarlas igualmente por la persona amada...

La Teología mística parece tener miedo de atentar contra la excelsitud de la Divinidad. Con la consecuencia de

---

[113]Ca 5:2.

que el Dios del Antiguo Testamento goza de una cierta primacía, mientras que el Misterio de la Encarnación pasa a ocupar un segundo término. Sucede en esta Espiritualidad que la naturaleza humana sigue siendo objeto de la influencia del platonismo y de las sospechas contra el cuerpo, y de ahí que la Teología *apofática* predomine sobre la Teología *catafática*. Se sigue escuchando el eco de la voz de San Agustín: *Si lo comprendes, no es Dios*, pero al mismo tiempo se olvida la incuestionabilidad del hecho de que el Verbo se hizo Hombre en Jesucristo: *A Dios nadie lo ha visto jamás, el Hijo Unigénito, el que está en el seno del Padre, Él mismo lo dio a conocer*.[114]

El justificado celo de la Teología mística por mantener la transcendencia de la Divinidad sobre todo lo creado, afecta a otro de los principios fundamentales de la relación amorosa, comprendida por lo tanto la divino–humana. Lo hemos llamado anteriormente *equiparación* de niveles entre quienes se aman, cuyo buen entendimiento es necesario para comprender todo lo referente al progreso y la posibilidad de la oración.

La oración mística fundamenta su existencia y desarrollo sobre la base de la intimidad que se deriva del *tú* a *tú* en la relación amorosa divino–humana. Condición indis-

---

[114] Jn 1:18.

pensable y que, sin embargo, no plantea problema alguno, dado que la naturaleza de la relación amorosa exige necesariamente que cada uno de los que se aman *mantenga en todo momento su propia identidad.* Por otra parte, ya habíamos visto anteriormente que el amor a Dios se concreta para el alma en la Persona de Jesucristo, al cual dirige los afectos de su corazón en un *acto único* por el que lo aprehende a la vez como Verdadero Dios y como Perfecto Hombre.

Los textos están absolutamente a favor de esta doctrina, si estamos hablando del *abajamiento* de Dios realizado por amor en la Persona de Jesucristo. San Pablo exhortaba confiadamente a los fieles de Filipos: *Tened entre vosotros los mismos sentimientos que tuvo Cristo Jesús. El cual, siendo de condición divina, no consideró como algo codiciable el ser igual a Dios, sino que se anonadó a Sí mismo tomando la forma de siervo; hecho semejante a los hombres, y mostrándose igual que los demás hombres, se humilló a Sí mismo haciéndose obediente hasta la muerte, y muerte de cruz.*[115] Y fue el mismo Jesucristo quien trasmitió a sus discípulos la asombrosa confidencia de que *ya no os llamo siervos, porque el siervo no sabe lo que hace su señor; a vosotros, en cambio, os he llamado amigos,*

---

[115]Flp 2: 5–8.

*porque todo lo que oí de mi Padre os lo he dado a cono-
cer.*[116] En cuanto a la misión que había venido a realizar,
enmarcada dentro de una portentosa humildad de vida,
también quedó claramente expresada por Él: *El Hijo del
Hombre no ha venido a ser servido, sino a servir y a dar
su vida en rescate por muchos.*[117]

La posibilidad de que se lleve a cabo cualquier tipo de
oración se fundamenta en eso, hasta el punto de que no es
concebible una relación amorosa en la que no exista total
reciprocidad. Parece impensable imaginar que una de las
partes hablara siempre, mientras que la otra meramente
escuchara; que una contemplara y fuera siempre otra la
contemplada; o que una de ellas preguntara pero sin esperar jamás respuesta alguna de la otra... Tal forma de
conducirse sería ajena a cualquier tipo de relación, y no
pasaría de ser un mero monólogo que no tendría sentido
alguno en la relación amorosa.

La declaración que hace la esposa en el texto 2:4 de
El Cantar es de una extraordinaria importancia. En ella
están contenidos dos temas, dependientes el uno del otro
pero con matices enteramente distintos: *La sala del festín,*

---

[116]Jn 15:15. La comunicación de todos los secretos, sin restricción
alguna, es una de las señales más claras de una íntima amistad.

[117]Mc 10:45.

o lugar donde van a celebrarse las bodas del Esposo y
la esposa, es uno de ellos; y el *certamen de amor* que
tendrá lugar allí mismo y que enfrentará a ambos en la
más singular de todas las contiendas imaginables, es el
otro. Aquí los vamos a considerar separadamente:

> *Me ha llevado a la sala del festín*
> *y la bandera que ha alzado contra mí*
> *es bandera de amor.*[118]

Según la esposa, ella ha sido conducida a la sala del
festín con la indudable intención, por parte del Esposo,
de celebrar los desposorios de ambos al mismo tiempo que
contienden en una justa o torneo de amor.

En cuanto al lugar de la celebración —*la sala del festín*—, si paramos la atención en el hecho de que el certamen amoroso se ha de llevar a cabo en un lugar propio de
banquetes y saraos, y hasta parece que coincidiendo con
el momento de las celebraciones nupciales, podremos concebir alguna idea de lo que el Esposo desea proporcionarle
a la esposa.

La circunstancia de que se afirme que se trata de un
festín a celebrar, nos proporciona un indicio con el que

---

[118]Ca 2:4.

imaginar lo que tal idea suscita en las mentes humanas: delicadas viandas y exquisitos manjares, selectos y abundantes vinos, músicas y ambiente festivo por doquier y cosas semejantes propias del caso. Claro está que esto no es sino la idea de lo que un *festín* humano, por suntuoso que pueda ser imaginado, sería capaz de crear en la mentalidad de los hombres; pero que, a decir verdad, poco o nada tendría que ver con la realidad de los festines divinos, dado que estos últimos se celebran dentro de un orden enteramente distinto y esencialmente superior. Cuando se lleva a cabo el salto desde el orden natural al sobrenatural, cualquier intento de describir empleando palabras y conceptos humanos se sabe de antemano condenado al fracaso, por más que la moderna Teología Modernista se sienta muy inclinada, no ya meramente a pasar con facilidad de un orden al otro, sino incluso a prescindir del sobrenatural.

Por lo que no nos resta sino hacernos cargo del problema mediante la elaboración de algunas disquisiciones capaces de aportar una cierta *aproximación* —idea de cercanía poco apropiada para ser utilizada aquí— a la realidad de las relaciones amorosas divino–humanas, que aquí han alcanzado un punto culminante. La necesidad ineludible de utilizar el lenguaje humano obliga a reconocer la limitación que suponen los simples esbozos de borrosas y débiles analogías. Los cuales muy poco van a decirnos con respecto a la realidad, aunque serán, sin embargo, suficientes para conducirnos hacia un suave sentimiento de nostalgia y de gozo.

En esta situación solamente la poesía podría *acercarnos* a la idea de lo que sería una bulliciosa jornada de alegre festividad, en este caso, pastoril. Dentro de las limitaciones que lleva consigo el difícil intento de elevar la mente, desde un ambiente meramente humano a otro que es enteramente divino:

> *Las luces que la aurora derramaba*
> *la vida al verde valle devolvían,*
> *y abajo en la cañada se escuchaba*
> *el melodioso son, que al par hacían,*
> *rabeles y guitarras*
> *y el áspero runrún de las cigarras.*[119]

La oración mística ha de ser considerada como un abundoso festín. En el cual es indiferente que el alma encuentre al Señor en el fervoroso gozo de la intimidad amorosa o cuando es llamada a compartir con Él la dureza de la cruz. Pero de lo que no puede dudarse es que, de un mo-

---

[119] *CFC*, 31.

do o de otro, ha llegado para ella el tiempo de la Perfecta Alegría.

La esposa se alegra de estar por fin junto al Esposo, después de haber podido comprobar el modo como Él se fue acercando a ella:

> *Vino hasta mí el Amado*
> *cuando el sol se asomaba por el teso,*
> *y, habiéndome mirado,*
> *sentí en sus ojos eso*
> *que sólo amor lo sana con un beso.*[120]

La idea del descanso definitivo, del amor llegado a su cumbre y de la felicidad perfecta, la expresa tan bellamente como siempre San Juan de la Cruz. El Santo habla aquí del *ameno huerto deseado* para referirse igualmente a la *sala del festín*, de la que habla la esposa en *El Cantar*:

> *Entrádose ha la esposa*
> *en el ameno huerto deseado,*
> *y a su sabor reposa,*
> *el cuello reclinado*
> *sobre los dulces brazos del Amado.*[121]

---

[120] *CFC*, 41.

[121] San Juan de la Cruz, *Cántico Espiritual*.

Ahora el alma ha dejado de pertenecerse a sí misma y ya es toda del Esposo divino. Que no es otra la meta de la existencia del cristiano y aquello para lo que fue creado. Lo que viene a significar que el alma ha hecho suya la vida de Cristo para poner la propia en manos de su Señor y Esposo. Cumpliendo al fin el lema que proclamaba la ley fundamental del amor:

Mi amado es para mí y yo soy para él.[122]

He ahí el gran secreto de la existencia: el descubrimiento de que *hay más alegría en dar que en recibir.*[123] Que no por otra cosa el nombre más apropiado asignado al Espíritu Santo, utilizado desde antiguo por los Padres, es el de *Don.* Claramente expresivo de lo que constituye la esencia de la Trinidad: la eterna *Donación* o entrega de Amor, mutua y recíproca, entre el Padre y el Hijo.

El alma que ha avanzado por los caminos de la oración ha alcanzado un estado en el que no piensa tanto en recibir cuanto en amar a Dios, después de haberse dado cuenta de que la Perfecta Alegría no consiste en otra cosa que

---

[122]Ca 2:16.
[123]Hech 20:35.

en *entregar todo al Amado de su corazón*. De ahí la relación de la verdadera pobreza con el amor, cuando el alma comprende claramente que todo lo que es y todo lo que tiene pertenece a Jesús y ya nada es propio de ella: *Pues ninguno de nosotros vive para sí, ni ninguno de nosotros muere para sí. Pues si vivimos, para el Señor vivimos, y si morimos, para el Señor morimos. Porque, en fin, sea que vivamos o sea que muramos, del Señor somos.*[124]

La verdadera oración nada tiene que ver con cualquier acto rutinario de culto, realizado a diario y sin otro aparente objetivo que el de contribuir de algún modo a la propia salvación eterna. La constancia en la conversación y trato con el Señor, acompañada de la autenticidad conferida por las buenas obras, conduce infaliblemente a la Alegría. Sólo posible en el lugar donde, ante la vista y la posesión del Esposo, se escuchan los antiguos y eternos cantos sólo conocidos de los enamorados:

> *A las nevadas cimas*
> *de las altas montañas subiremos*
> *cruzando abismos y salvando simas.*
> *Y, cuando al fin lleguemos,*
> *los cantos del amor entonaremos.*[125]

---

[124]Ro 14: 7–8.
[125]*CFC*, 43.

Toda historia en tanto es verdadera historia en cuanto que posea un final. No existe la *Historia Interminable* de la que se habla en la famosa y bella fantasía de Michael Ende.[126] Un eterno retorno al principio sería un absurdo que no tendría sentido alguno en una criatura racional, mientras que un camino sin final no conduciría a ninguna parte. Por eso llega un momento, pasado el largo y duro itinerario transcurrido en una vida de fatigas, sufridas por amor, y de búsqueda ansiosa del Señor también a través de la oración —en un tiempo de duración indeterminada y sólo conocida de Dios—, en que el alma contempla el final de sus trabajos y la consumación de su existencia. La cual significa para ella la posesión del Esposo en un amor que ahora es ya perfecto y para siempre.

Ahora es cuando el alma, no solamente reconoce al Esposo como su Creador y como el Principio de todo, sino también como su último Fin al cual estaba destinada y

---

[126] Michael Ende, *Die unendiiche Geschichte*, 1979. La traducción inglesa, *The Neverending Story*, apareció en 1983 y a ella siguieron numerosas otras en diversos idiomas.

ahora es ya alcanzado y conseguido: *Yo soy el Alfa y la Omega, el Primero y el Último, el Principio y el Fin.*[127] Los sufrimientos, ansiedades, incertidumbres y trabajos han desaparecido y quedan ya definitivamente atrás:

> *Si pues andamos juntos el sendero,*
> *deja que me adelante, yo el primero,*
> *allí donde se acaba la vereda*
> *y el duro trajinar atrás se queda.*[128]

A propósito de la declaración de la esposa, según la cual había sido llevada a la sala del festín para contender con el Esposo en un *certamen de amor*, habíamos aludido al *carácter lúdico* de las relaciones amorosas, en este caso divino–humanas.

La relación entre los *juegos* y los certámenes de competencia llamados también *justas o torneos* es conocida desde muy antiguo. Los griegos llamaron *Juegos* a las primeras competiciones olímpicas, y lo mismo hicieron los romanos con los que se celebraban en los Anfiteatros o Circos; si

---

[127]Ap 22:13. De ahí que la historia del réprobo en el Infierno —en la medida en que todavía tuviera sentido llamarla historia— carece de final, puesto que ha perdido para siempre el Fin para el que había nacido y al cual estaba destinado.

[128]*CFC*, 2.

bien estos últimos aparecen marcados con un carácter de crueldad, a veces extrema, en las peleas entre gladiadores. La lucha a muerte todavía fue mantenida entre los Caballeros que competían en los torneos de la Edad Media, si bien solamente contaba en especiales ocasiones y en condiciones mucho más humanas.

De lo cual se desprende que la idea del *juego* y la del *certamen* siempre anduvieron asociadas. Si bien hay que añadir que la de la *diversión* formaba parte como ingrediente de ambas ya desde los tiempos más antiguos, por lo que siempre estuvo presente en las competiciones. Sin que tampoco fuera raro que el aspecto de entretenimiento quedara como algo exclusivo de los espectadores, como ocurría siempre en los anfiteatros romanos donde eran muy frecuentes los combates a muerte.

Las relaciones amorosas divino–humanas transcienden el concepto de *diversión*, aunque tampoco lo excluyen. Tanto en lo que contienen de condición de mero *juego* (sobre todo en los momentos más iniciales y simples de la relación), como en sus semejanzas con el *certamen* (que aparece, por lo general, en situaciones posteriores más avanzadas). Y aun de todos modos, en toda relación aparecen ambas formas —la de juego y la de certamen—, con preponderancia de la una o de la otra según los diversos momentos o situaciones.[129]

Explicar por qué aparece la idea del *juego* en las manifestaciones más sencillas de las relaciones amorosas divino–humanas, requeriría comprender primero su uso en las relaciones humanas de diversión. Más fácil de comprender es el concepto de *certamen* como integrante de tales relaciones, si bien es mucho más complicado llegar a penetrar el modo en que tan compleja y misteriosa operación se produce. De todos modos, y dada la relación entre ambos conceptos, pronto salta a la vista en las relaciones amorosas divino–humanas, una vez que en ellas aparece el *juego* incluso en sus formas más sencillas, que allí está contenida también, de forma más o menos expresa, la idea del *certamen*.

El proceso es similar al que se contempla en las diversas fases de desarrollo de la oración mística.

No ha de olvidarse que Jesucristo se relaciona con al alma en la oración por medio de un amor *al modo humano* a través de su Naturaleza Humana; al mismo tiempo que lo hace igualmente *al modo divino* por medio de su Na-

---

[129]Parece imposible separar los conceptos de *juego* y de *competición*. Los mismos juegos más elementales de los niños, siempre añaden algún elemento de competencia o de premio a ganar por el vencedor.

turaleza Divina. Todo ello en un *acto único* de amor que
ha de atribuirse, en último término, a su Persona divina,
puesto que son las personas las que aman y no las naturalezas. Por lo que la operación de amor de Jesucristo a su
criatura, realizada en las condiciones que permite la unión
hipostática y la comunicación de idiomas, puede ser considerada a la vez como *amor divino* y como *amor humano*:
amor *divino–humano*, por lo tanto (separable en cuanto al
modo y al objeto a quien se dirige, aunque no en cuanto
a su origen) que abre las posibilidades de que Jesucristo
ame a su criatura poniéndose a su misma altura, a saber:
amándola también del mismo y único modo en que ella
puede hacerlo, el cual no es otro que *al modo humano.*

Pues la criatura solamente puede amar al *modo humano.* Elevado y divinizado por la gracia, pero siempre al
modo humano. Con lo que ya se han hecho posibles para
ambos —para Jesús y para el hombre— las condiciones
necesarias para llevar a cabo los *juegos de amor.*

Así ya es posible imaginar como cosa lógica que ambos
Amadores den entrada en sus relaciones de amor a cosas
tan sencillas, tan humanas y tan divertidas como pueden
ser los juegos de los niños de *me escondo y me buscas.*
Pues el amor, no sólo es compatible con la *diversión* en la
medida en que es una manifestación de sana alegría, sino
que incluso la exige como elemento primario y elemental.

Nadie sería capaz de imaginarse las relaciones de amor entre Dios y su criatura de un modo que no fuera también regocijante y alborozador.

La creencia general, por el contrario, considera las relaciones de la criatura con Dios de un modo exclusivamente unilateral. La oración es un acto de culto fervoroso en el que el alma se dirige y considera a Dios meramente como objeto de adoración y de súplicas, sin imaginar la existencia de relación alguna (y menos aún, amorosa). Tal como lo hacen los adoradores de Buda o los creyentes de Mahoma. Con lo que resulta lógico que se puedan contar por multitud las almas que carecen de ánimos para emprender la vida de oración.

De ahí que la poesía, para la que resulta fácil imaginar las relaciones amorosas divino–humanas de un modo perfectamente *humano* (que en modo alguno tiene por qué excluir el divino), considere lógico introducir en ellas el elemento *lúdico*. Y así es como el Esposo se esconde de la esposa, en la divertida espera de que ella será capaz de buscarlo y demostrarle su ansiedad, o en la esperanza, tal vez, de ser el primero en hallarla (germen de elemento de *certamen* que también aparece en el juego):

> *Amada, yo he buscado*
> *en mi huerto de azahares el sendero,*
> *y luego, te he esperado*
> *detrás del limonero*
> *a ver si te encontraba yo primero.*[130]

Y tal como ocurre en todos los juegos, y tal como sucede en las relaciones amorosas, la esposa comprende las intenciones del Esposo y responde audazmente del mismo modo. La suerte está echada y el *juego amoroso* entre ambos ha comenzado: Tú te escondes y yo te encuentro; tú corres y yo te alcanzo; tú tratas de escapar y yo te sorprendo; tú me amas y yo te amo más...¿Quién apostará por el ganador si tiene en cuenta la incertidumbre del resultado en los juegos de amor? Y así es como la esposa responde:

> *Amado, he recorrido*
> *de tu huerto de azahares el sendero,*
> *y luego, me he escondido*
> *detrás del limonero*
> *a ver si te besaba yo primero.*[131]

Una vez en su huerto, el Esposo se dispone a aprovecharse de los frutos que tan abundantemente se producen

---

[130] *CFC*, 46.

[131] *CFC*, 45.

en él y cuyo disfrute principal consiste en gozar de la presencia de la esposa. Con todos los dones y presentes que ella le ofrece, entre los que se cuenta como principal el de su propio amor y el de su propio corazón.

La figura del Esposo introduciéndose en su huerto para recoger los frutos que allí espera encontrar aparece recogida, como no podía ser menos, en el texto de *El Cantar de los Cantares*. Con la particularidad de que su profundo e importante significado nos traslada a lo más esencial de la unión amorosa divino–humana, junto a la importancia que de ahí se deriva para la oración mística y contemplativa:

> *Voy, voy a mi jardín, hermana mía, esposa,*
> *a coger de mi mirra y de mi bálsamo,*
> *a comer la miel virgen del panal,*
> *a beber de mi vino y de mi leche.*
> *Venid, amigos míos, y bebed*
> *y embriagaos, carísimos.*[132]

La descripción de los frutos que espera recoger el Esposo es tan rica como que su significado suele pasar inadvertido a la común interpretación. El Esposo acude a su jardín *a coger de su mirra y de su bálsamo, a comer la*

---

[132]Ca 5:1.

miel virgen del panal y a beber de su vino y de su leche.
Donde es de notar el hecho de que los frutos que se hallan
en el huerto son los bienes que la esposa le ofrece, comen-
zando por el de su propia persona, y que por eso mismo
el Esposo los *recoge.*

Con lo que de paso se muestra de nuevo la distinción
de identidades entre el Esposo y la esposa, reafirmada esta
vez en la diferencia entre lo que Él ofrece y lo que entrega
ella. No debe olvidarse que la reciprocidad es la cualidad
más expresiva de la existencia de un *yo* y de un *tú* en la
relación de amor existente entre los amantes.

También es de notar que el Esposo invita a sus amigos para que vengan a disfrutar y a beber con Él hasta la
embriaguez. Un expresivo vocablo que sugiere, del mejor y
más imaginable modo, el misterio de la sobreabundancia
y realidad inefable, tanto de lo que es el amor como de
la inmensidad de la relación amorosa divino–humana. La
comparación entre esta relación y la amorosa meramente
humana es puramente *analógica,* si cabe decirlo así, por lo
que la profundidad de la primera solamente es asequible
a quienes han conocido a Dios, que es el *único modo* de
penetrar en el verdadero sentido del amor: *Quien no ama
no conoce a Dios, puesto que Dios es amor.*[133] Que igual-

---

[133] 1 Jn 4:8.

mente, de un modo absolutamente equivalente, se podría decir que *quien no conoce a Dios no es capaz de amar, puesto que Dios es el amor.* Tal como ha transcurrido la existencia para millones de seres humanos: sin conocer el amor y sin vivir la Vida.

Si la relación amorosa de la criatura con Dios, según el texto de *El Cantar de los Cantares,* es un verdadero combate o *torneo de amor,* tal cosa quiere decir que quien inicia el camino de la oración contemplativa ha de estar dispuesto a emprender una empresa arriesgada en la que habrá de afrontar un *serio y grave desafío.*

En las situaciones que se suceden en las relaciones de la criatura con Dios no existe el lenguaje figurado, ni tampoco las actitudes fingidas. Lo que significa que cuando se habla de un acto de amor, es que estamos ante un verdadero amor; o si de un certamen o contienda, es que se trata de un *verdadero* combate. Y cuando sucede este último caso puede afirmarse, con seguridad plena, que ambos contendientes se van a ver empujados a medir sus fuerzas.

Según lo cual, el alma que está dispuesta a adentrarse por los caminos de la oración mística, ha de saber que habrá de hacer frente a un verdadero *desafío.*

Y como lo que se ventila en esta justa o combate es nada menos que el amor, la conclusión es clara. Aquí no se trata de un ejercicio de exhibición, ni se le van a otorgar ventajas o consideraciones a la parte más débil, ni se va a especular acerca de las circunstancias que cuentan a favor del contendiente más fuerte. Si cualquiera de las partes, y esto vale sobre todo para la menos capacitada (en este caso el alma humana), se ha sentido con la suficiente audacia para afrontar el reto, *tendrá que cargar también con todas las consecuencias.*[134]

Que la situación de la que hablamos es un verdadero *desafío*, se desprende claramente de las mismas palabras de Jesucristo:

Si alguno quiere venir en pos de mí, que se niegue a sí mismo, que tome su cruz y que me siga.[135]

---

[134]Esta circunstancia, como tantas otras, no ha sido tenida suficientemente en cuenta a lo largo de la Historia de la Espiritualidad. Ya por sí sola sería suficiente para apartar a cualquiera de la prueba. Lo que supondría una desgraciada decisión que dejaría de tener en cuenta dos cosas: la grandeza y maravilla de lo que aquí se ventila (por lo que ya vale la pena arriesgarse), y las especiales circunstancias en las que ha de celebrarse el combate. Acerca de estas últimas ha de tenerse presente que Dios no estaría dispuesto a someter el alma a una prueba imposible o en la que faltara en algún momento el sentido de la equidad.

[135]Mt 16:24.

Quien no renuncia a todas las cosas que posee, no puede ser mi discípulo.[136] *Si alguno viene a mí y no odia a su padre y a su madre, a su mujer, a sus hijos, a sus hermanos y hermanas, e incluso a su propia vida, no puede ser mi discípulo.*[137] *Quien quiera salvar su vida, la perderá; pero el que pierda su vida por mí y por el Evangelio, la salvará.*[138] Ante uno que estaba dispuesto a seguirle: *Las zorras tienen cuevas, y las aves del cielo, nidos; pero el Hijo del Hombre no tiene dónde reclinar la cabeza.*[139] Etc.

Dado que, según lo que hemos dicho acerca de una *verdadera justa o torneo,* y tal como conviene al hecho de que el amor es la realidad que más en serio es contemplada en la Revelación, queda planteado el problema, supuesta la evidente disparidad de fuerzas, de si acaso admite esta situación la posibilidad de que la criatura venza en el combate.

---

[136]Lc 14:33.
[137]Lc 14:26.
[138]Mc 8:35.
[139]Lc 9:58.

Y la respuesta, que de ninguna manera ha de sonar a extraña, no puede ser sino afirmativa.

Existen precedentes en los textos:

En primer lugar, la misteriosa relación de Ge 32: 25–30, en la cual se dice que Jacob luchó contra un Ángel, del que poco más adelante se dice que era Dios y que además fue vencido por Jacob. De las muchas interpretaciones que se han dado de este texto, ninguna de ellas es por completo satisfactoria. Pero de hecho es un texto inspirado, contenido en el Génesis, y es bien sabido que Dios no habla al albur o simplemente por hablar.

En cuanto al Nuevo Testamento, existen los precedentes de las parábolas de los talentos y de las minas. Según las cuales, algunos de los siervos que recibieron bienes de su señor para que los negociaran durante su ausencia, fueron capaces de devolverle *hasta el doble* de lo que habían recibido.

Dado el problema, tal como ha sido planteado en *El Cantar de los Cantares* y avalado por los restantes textos bíblicos, para el que la relación amorosa del alma con Jesucristo se desarrolla al modo de *torneo de amor* en las condiciones ya explicadas, cabe preguntar si existe la posibilidad de que Dios sea vencido en amor por la criatura.

Ya hemos dado un adelanto de la respuesta en sentido afirmativo, para cuya solución nos hemos ayudado de la referencia al texto citado del Génesis y a las parábolas de los talentos y la de las minas. *Pero el problema comienza cuando se pretende explicar el por qué y el modo como pueda llevarse a cabo esa victoria por parte de la criatura.* Para encontrar alguna forma de solución, habría que penetrar en lo más profundo del misterio de la relación amorosa divino–humana. Y como cualquiera puede comprender, tal cosa es imposible. Salvo que medien especiales auxilios divinos que permitan un *cierto* acercamiento al misterio por parte del hombre.

Sin embargo, como hemos dicho otras veces, no tendría sentido para la inteligencia y para la bondad divinas que Dios revelara al hombre ideas ininteligibles que jamás podrían ser descifradas. Y puesto que el fin de la Revelación no es otro que el de la salvación del hombre, buenamente puede suponerse que Dios habrá pretendido entregarnos con tales palabras al menos *alguna clave* del misterio. La cual será más que suficiente para contribuir, no solamente a la salvación y consolación de nuestras almas, sino también a que participemos, ya desde ahora, de la munificencia y de la maravilla de sus dones.

Un primer paso para acercarse al contenido del misterio podría consistir en someter a examen las semejanzas y diferencias existentes entre el certamen de contendientes, según se trate de certamen de lucha real o del certamen amoroso. La cuidadosa consideración de ambas diversas circunstancias puede arrojar luz para contemplar increíbles escenas que, al mismo tiempo que inducen a pensar en desconocidos mundos de fantasía, muestran la indecible grandiosidad, belleza, heroísmo, derroche de generosidad, renuncia de sí mismo y esforzados intentos de superación del amor de la otra parte que tienen lugar en el segundo.

En el combate real prevalece, por encima de toda otra cosa, el deseo de vencer al contendiente.

En el torneo de amor, sin embargo, cada una de las partes está llena de la ansiedad de amar más y más a la otra. Lo que hace que el combate no se desarrolle aquí bajo la sombra del temor de ser derrotado, sino bajo el manto del indecible gozo al que dan lugar las siguientes circunstancias:

En primer lugar, el hecho mismo de estar contendiendo en amor con la persona amada. Lo que es causa del gozo desbordante e inenarrable que sólo puede producir el amor, que en este caso es fruto directo del Espíritu Santo. De manera que la lucha y contienda por amor, ya por sí sola, es capaz de sumergir el alma en un océano de felicidad ya próximo al que acabará gozando en el Cielo.

Por otra parte, el alma que contiende por amor con Jesucristo, desea ciertamente vencerlo en amor, si tal cosa fuera posible; aunque no le importaría tanto esa circunstancia cuanto el hecho de *agradar* a su Amado, hasta el punto de que desearía ser derrotada si tal cosa fuera motivo de satisfacción para Aquél a quien ama.[140]

En el combate real, los luchadores están enteramente pendientes de conseguir la victoria, a fin de alcanzar una corona de triunfo que no pasa de ser meramente humana. En el torneo de amor, sin embargo, el sentimiento de alcanzar el triunfo es absolutamente indiferente:

En primer lugar, porque cada una de las partes contendientes se sentiría embargada de gozo por contemplar *la victoria de la otra.* Pues así es el amor, que sólo desea el bien y la felicidad de la persona amada.

En segundo lugar, porque puede suceder que el Esposo divino se sienta a Sí mismo *rendido y arrollado* por el acoso de amor demostrado por la esposa. Lo cual no deja de ser un caso frecuente que sucede con almas de muy avanzada vida espiritual. Es en estas circunstancias cuando el Esposo se considera *prendido y capturado* por los lazos amorosos de la esposa:

---

[140]Como puede comprenderse, tal cúmulo de circunstancias y muchas otras, desconocidas para el común de los cristianos, serían más que suficientes para disipar miedos timoratos sobre la oración y fomentar deseos de iniciar la andadura por los caminos de la oración mística.

> *Prendiste mi corazón, hermana, esposa,*
> *prendiste mi corazón en una de tus miradas,*
> *en una de las perlas de tu collar.*[141]

De manera que cabe que llegue el momento en que el Esposo, ante el encendido amor de la esposa y su entrega sin reserva alguna, se sienta herido de amor y voluntariamente se entregue, *derrotado*, ante la esposa:

> *Si al batirme contigo yo me viera,*
> *teñido en sangre, sin poder vencerte,*
> *perdido el casco, rota la cimera,*
> *ciega por ti mi alma hasta la muerte,*
> *vencido y derrotado decidiera,*
> *rendido por tu amor, pertenecerte.*[142]

Tal *rendimiento* del Esposo es, por supuesto, voluntario, tal como se advierte en el verso cuando se dice que *ha decidido pertenecer a la esposa, rendido enteramente por su amor.* Lo cual en modo alguno disminuye el carácter de verdadero rendimiento y de auténtico reconocimiento de la victoria de la esposa.

---

[141] Ca 4:9.
[142] *CFC*, 104.

Pero al mismo tiempo la esposa se siente *derrotada* y confundida por el generoso acto de amor del Esposo, a quien con razón atribuye la auténtica victoria. Mientras que el Esposo, a su vez, considera igualmente la victoria de la esposa como cosa propia, puesto que todo lo que es de ella le pertenece, además de que ha sido solamente Él quien la ha conducido y llevado hasta ese lugar.

Y así es como es posible contemplar en el *certamen amoroso* divino–humano la increíble realidad de que ambos contendientes sean a la vez vencedores y vencidos. Con la circunstancia de que aquí se atribuye realmente la cualidad de *victoria* cuando se habla de victoria, y la de verdadera *derrota* cuando se está refiriendo a la derrota. Pues no es del agrado de Dios que sus relaciones amorosas con las criaturas se estructuren sobre la base de actitudes *teatrales* o fingidas que poco tienen que ver con la realidad.

Ahora es cuando ya la esposa ve consumada su carrera y colmada su felicidad en brazos del Esposo:

> *Y allí mis penas fueron fenecidas*
> *junto al mar que vio unidas nuestras vidas,*
> *mecido en suaves ondas, producidas*
> *por las azules aguas removidas.*[143]

---

[143] CFC, 105.

A pesar del esfuerzo realizado para identificar la propia vida con la de Jesucristo, mediante la práctica de la ascética y a través de una seria vida de oración, es imposible que el alma alcance la plena unión con Él si previamente no se ha despojado también de todo lo que posee: *Quien no renuncia a todo lo que posee, no puede ser mi discípulo.*[144]

La doctrina de San Juan de la Cruz con respecto a este punto insiste en la necesidad, por parte del alma, del abandono y de la eliminación de todo lo creado y recibido que posee, incluidos los propios pensamientos y sentimientos, las facultades del alma y los sentidos interiores y exteriores. Enseña además que el alma ha de prescindir —incluso hasta el punto de rechazarlos— de todos los recuerdos de la memoria, de cualquier concepto elaborado sobre Dios, de las mismas locuciones o visiones recibidas de Él (por auténticas que puedan ser), y hasta de la misma idea de la Humanidad de Jesucristo.

Todo ello con el fin, y como única posibilidad, de alcanzar el alma la plena unión con el Dios Transcendente a todo pensamiento humano y a toda cosa creada.

Una doctrina que, como ya hemos dicho en diversas ocasiones a lo largo de este ensayo, no deja de parecer dura y radical a la vez.

---

[144]Lc 14:33.

Sin embargo, de ningún modo vamos a intentar discutir aquí la doctrina del Santo y Doctor de la Iglesia. Por nuestra parte, no excluimos la posibilidad de que no haya sido entendida por nosotros o que no hayamos asimilado bien este o aquel punto de sus enseñanzas. Sea como fuere, apuntaremos algunos temas de la doctrina sanjuanista difíciles de aceptar, o que resultan al menos incompatibles con lo que aquí se ha expuesto acerca de la oración mística.

Como habrá podido comprobarse a lo largo de esta exposición, se ha prescindido en ella de la línea del Doctor Místico en la que insiste en la *anulación de las facultades del alma y la eliminación de sus operaciones*, a fin de llegar a la pura unión con el Dios transcendente a todas las cosas.

En un punto, sin embargo, hemos de coincidir plenamente con el Santo. Y estamos haciendo alusión a la necesidad de renunciar a todo lo que se posee, si es que se quiere alcanzar la plena unión con Jesucristo.

Pero discrepamos *en cuanto al modo de llevarlo a cabo*. Pues mientras que el Santo defiende la absoluta *eliminación* de todas las cosas para alcanzar la unión amorosa, nosotros estamos a favor de *mantenerlas* con el fin *ofrecerlas* al Esposo y hacer posible así nuestras relaciones con Él.

El Santo sencillamente *las elimina*. Nosotros en cambio *las entregamos* como ofrenda de amor al Esposo. Cosa que hacemos al tiempo que utilizamos los bienes y facultades que hemos recibido (que pertenecen como propios a la naturaleza humana) para relacionarnos con Él. De este modo, siendo el resultado final absolutamente *idéntico* — la renuncia a todas las ccsas por amor a Jesucristo—, el camino, no obstante, es *diferente.*

En realidad, el modo de proceder, los caminos a seguir y la forma de utilizar aquí los dones recibidos de Dios, poco tienen que ver con lcs métodos sanjuanistas.

La esposa de *El Cantar de los Cantares* parece pensar del modo como lo exponemos nosotros:

> *Ya dan su aroma las mandrágoras*
> *y abunda en nuestras huertas*
> *toda suerte de frutos exquisitos.*
> *Los nuevos, los añejos,*
> *que guardo, amado mío, para ti.*[145]

Donde se dice claramente que la esposa guarda los frutos de su huerto para reservarlos y ofrecerlos al Esposo.[146]

---

[145]Ca 7:14.

[146]Es evidente que aquí será necesario distinguir entre la totalidad de las cosas que se abandonan para iniciar el camino de seguimiento de Jesucristo, en el que debe considerarse también la posibilidad de alcanzar elevados grados de oración, de una parte; y los sentimientos y facultades del alma, los cuales son de uso imprescindible en el trato con el Señor, de otra.

El Esposo de *El Cantar* parece seguir también esta
línea de pensamiento:

> *Voy, voy a mi jardín, hermana mía, esposa,*
> *a comer de mi mirra y de mi bálsamo,*
> *a comer la miel virgen del panal,*
> *a beber de mi vino y de mi leche.*
> *Venid, amigos míos, y embriagaos, carísimos.*[147]

Difícil sería imaginar las relaciones de amor entre el
Esposo y la esposa —al fin y al cabo relaciones nupciales: *Bienaventurados los llamados a la cena de las bodas
del Cordero*[148]— haciendo caso omiso del elemento que
conllevan la fiesta y la alegría, con el respectivo y mutuo
intercambio de dones.

En el proceso de la oración mística la esposa necesita
oír la voz del Esposo. Sin que sea posible concebir de otra
manera las relaciones entre enamorados:

> *Acércate a mi lado*
> *mientras el cierzo sopla en el ejido,*
> *y deja ya el ganado,*
> *y cuéntame al oído*
> *si acaso por mi amor estás herido.*[149]

---

[147]Ca 5:1.

[148]Ap 19:9.

[149]*CFC*, 59.

Es difícil pensar un oscuro modo de culto *unilateral*, en el que la esposa no puede hacer sino negar lo que posee, incluidas las facultades del alma, sin esperar de momento recibir manifestación alguna de reciprocidad de amor (si las recibiera está obligada a rechazarlas).

Y según nuestro sistema de pensamiento, también el Esposo necesita oír la voz de la esposa y contemplar su rostro:

> *Dame a ver tu rostro, dame a oír tu voz,*
> *que tu voz es suave, y es amable tu rostro.*[150]

Si el alma tuviera que prescindir enteramente de la idea de la Humanidad de Cristo, es imposible entender el proceso de sus relaciones de amor con el Esposo, en cuanto que el ser humano, según hemos dicho repetidas veces, no puede amar sino *al modo humano*. Ni tampoco se entendería el intento de la esposa de *El Cantar* por describir al Esposo:

---

[150]Ca 2:14.

Mi amado es fresco y colorado,
se distingue entre millares.
Su cabeza es oro puro,
sus rizos son racimos de dátiles,
negros como el cuervo.
Sus ojos son palomas
posadas al borde de las aguas,
que se han bañado en leche
y descansan a la orilla del arroyo...[151]

Bellas y poéticas metáforas, dirán algunos. Y en efecto, lo son. Pero, aun concediendo que no puede tratarse sino de meras evocaciones y de aproximaciones entre sombras, ¿de qué otro modo podría la esposa describir al Esposo...? Y si no se utiliza el lenguaje humano para expresar los sentimientos del alma, o para tratar de trazar una imagen de lo que es absolutamente imposible describir, ¿qué otro lenguaje podría utilizarse...? La poesía y sus herramientas de trabajo, como pueden ser los tropos, las metáforas, la metonimia, la sinécdoque y demás figuras retóricas y otros procedimientos, no son sino los recursos y la consolación de los que el hombre puede echar mano para remediar la pobreza y las limitaciones de su lenguaje.

---

[151]Ca 5: 10–12.

Para otros, puesto que *El Cantar de los Cantares* no es sino un conjunto de textos epitalámicos puramente humanos, los textos que normalmente venimos utilizando para apuntalar nuestras especulaciones no prueban absolutamente nada.

Y ciertamente, para quienes han perdido la fe y ya no creen en las palabras de la Escritura, debe concederse que así sería si estuvieran en lo cierto.

Pero no lo es para aquéllos que han mantenido la creencia en la Palabra revelada y aceptan fielmente la veracidad de las palabras contenidas en los Libros inspirados por el Espíritu Santo. Pues si Dios ha hablado a los hombres, no lo ha hecho sino para decirles algo. Y si el Espíritu ha utilizado la poesía en Libros como *El Cantar de los Cantares*, evidentemente que no habrá sido para hacer alardes de buen poeta, sino para contribuir a la salvación de los hombres con el lenguaje adecuado. Justamente el exigido en este momento por la magnitud del tema y por la inexistencia de otro modo de expresarlo mejor.

Necesidad de renunciar a las operaciones de las facultades del alma de la memoria y de la inteligencia, además de a las ideas elaboradas sobre Dios y sentimientos afines. Único medio apto —se dice— para conseguir el vacío total del alma, y único camino, a su vez, para alcanzar la unión con el Dios transcendente sobre todas las cosas...

Pero Jesucristo conservó intactas las facultades de su alma y sus sentimientos humanos hasta el último momento de su muerte en la Cruz: oró a su Padre para intervenir a favor de sus verdugos, perdonó al Buen Ladrón, puso a su Madre bajo el cuidado y protección de su discípulo Juan, exhaló su último suspiro encomendando su Espíritu a las manos de su Padre...[152]

De otro modo resulta difícil comprender la posibilidad y el desarrollo de las relaciones amorosas divino–humanas. Y sin esa posibilidad, también desaparece la de la oración mística y contemplativa. ¿Cómo expresar la ansiedad de la búsqueda, la urgencia de la espera provocada por la ausencia de un Esposo amado que parece no llegar, la alegría del encuentro, la felicidad emanada de los sentimientos experimentados en la intimidad de las relaciones amorosas divino–humanas, la recíproca admiración derivada de la contemplación de Dios y la criatura como mutuos enamorados...?

Si Jesucristo es nuestra vida, según la expresión de San Pablo (Col 3:4), renunciar a la idea de la Humanidad de

---

[152]Y conservó todas sus facultades y sentimientos humanos, lo mismo que las llagas de su Cuerpo, después de la Resurrección. Según San Pablo, quienes después de la Resurrección de la Carne hayan alcanzado la salvación gozarán de un cuerpo glorioso semejante al de Jesucristo.

Jesucristo (o sea, a la idea de Jesucristo) [153] para alcanzar la unión con la Divinidad sería lo mismo que renunciar a nuestra vida, al sentido de nuestra existencia y a cualquier indicio de lo que significaría para nosotros la Perfecta Alegría. Si para llegar a la perfección de la oración contemplativa es necesario recorrer el camino sin pensar en Él, yo por mi parte ni siquiera estaría dispuesto a iniciar ese camino.

6. A modo de Epílogo

Llegados a este punto, creo que debo dar por acabada la tarea. No porque que ya la haya terminado, sino porque nada se puede dar por completado si ni siquiera existe la certeza de haberlo empezado.

Hablar de la oración mística o contemplativa es emprender una labor en la que nadie sabe cómo iniciarla, todavía menos cómo desarrollarla y, como algo absolutamente imposible, hallar la manera de culminarla. Además hace falta un buen bagaje de hondos conocimientos sobre

---

[153] Jesucristo sin su Humanidad no es Jesucristo. Como tampoco es Jesucristo sin su Divinidad. El Verbo Encarnado es Dios Verdadero y Hombre Verdadero. Dos Naturalezas —Divina y Humana— unidas inseparable e *indisolublemente* a la única Persona divina del Verbo.

el tema, y lo que es más importante: una seria experiencia sobre el mismo. La cual yo no poseo, puesto que carezco de experiencias místicas.

Por lo que estoy de acuerdo en que escribir acerca de ella ha supuesto atrevimiento por mi parte. Claro que sin atrevimiento jamás se hubieran llevado a cabo muchas de las iniciativas que los hombres han emprendido. De las que ciertamente, aunque infinidad de ellas han terminado en fracaso, las que han culminado en éxito han sido suficientes para justificar las osadías humanas. En cuanto a ésta en particular, confieso que no me importan mucho los resultados, y simplemente quedo satisfecho con las intenciones que me han impulsado a llevarla a cabo.

Si me he sentido animado a escribirla, ha sido gracias a la confianza que me han proporcionado los contenidos de las Sagradas Escrituras y las lecturas de los místicos y autores espirituales. Confianza de la que estoy seguro que jamás hubiera sido suficiente de no haberse añadido otro elemento que al final ha parecido el fundamental: el sentimiento de algo maravilloso e indescriptible que me impulsaba a hacerlo, pero de cuyo origen nada podía saber puesto que no era perceptible para mí. Y sin embargo, producía en mí el *presentimiento* claro de que allí estaba lo que siempre anduvo buscando mi corazón y que jamás consiguió alcanzar. Nunca hubiera podido explicarlo ni tampoco puedo explicarlo ahora. Pero suscitaba misteriosamente en mi alma sentimientos desconocidos, los cuales abrían ante mis ojos la ineludible necesidad de conocer el amor y de gustar la Perfecta Alegría. Y hasta parecían suministrarme una extraña luz que me descubría la verdad en forma de horizontes sin fin en los que jamás había soñado hasta ahora

Dentro de la débil luz que proporcionaba el presentimiento del que hablo, el final se revelaba como inalcanzable, y hasta el camino que conducía hasta él parecía prometer una andadura casi imposible para todo el que la emprendiera. Y con todo eso, los sentimientos que llenaban mi alma eran tan fuertes que no parecía sino que deseaban hablar a fin de animar para que se emprendiera la aventura.

Puede que estas razones no parezcan bastantes para hacer de esta empresa algo razonable. Para mí sin embargo lo fueron, porque además comenzó a invadirme la ilusión de que quizá sirvieran para que alguien se sintiera animado a emprender el camino de la oración. Pues tal como viene relatada aquí no se parece mucho a las serias, amazacotadas y secas elucubraciones de los tratados, las cuales convierten la oración en tarea exclusiva de ermitaños penitentes y de monjas contemplativas de otra época.

He ahí la explicación de que haya introducido una variedad de fragmentos poéticos. Algunos, aunque muy pocos, de San Juan de la Cruz, y míos el resto. Lo que es probable que haya sido la causa de que el Santo se haya sentido molesto —pese a que en el Cielo ya no hay lugar para el desagrado ni la tristeza— al ver sus incomparables estrofas citadas en un libro junto a otras cuya calidad no pasa de la medianía. Pero las del Santo poeta de Fontiveros son demasiado conocidas y están ya demasiado citadas, mientras que, por lo que hace a las mías, a fuer de sincero no puedo decir sino que no tenía otra cosa más apropiada para la tarea que me proponía.

Estoy convencido, sin embargo, de que proporcionarán a la obra un relativo sentido de la belleza y un cierto entorno de alegría y de luz, al fin y al cabo tan necesarios en un mundo que parece haber optado por la fealdad y la oscuridad. Aparte de que son cosas de las que están necesitados los tratados de oración y la idea que de ella suele hacerse el común del pueblo cristiano (incluidos los religiosos y religiosas, en pasados tiempos cuando hacían oración).

Y ya no me resta por decir sino que, como habrán comprendido los lectores de buena voluntad, esta obra no ha sido animada por otra cosa que por los buenos deseos e ilusiones que, con tanta frecuencia, pone Dios en nuestro corazón.

En primer lugar, y como ya he dicho, el deseo de que tal vez pueda ser ocasión de que algunas almas se sientan animadas a practicar la oración, o a cultivarla con mayor ilusión. El inmenso número de almas buenas que, día tras día, se esfuerzan en no faltar a su oración, pero sin esforzarse —porque tampoco les parece posible la idea— en dar un salto y en avanzar en los tal vez duros, pero maravillosos caminos que conducen a la intimidad con Jesucristo, es una de las cosas que mayor tristeza deben causar a Dios cuando contempla el Rebaño de su Iglesia.

En segundo término, porque a mí por lo menos me ha servido, al mismo tiempo que la redactaba, para dar paso a ilusiones y nostalgias acerca de que lo que en ella se dice. Junto al deseo de que algo siquiera, de lo que la obra pudiera contener de hermoso, fuera realidad algún día en mi alma. Por lo demás, aun en medio de tantas vicisitudes y de tan numerosos altos y bajos, siempre ha estado mi alma repleta de añoranzas e ilusiones sobre Dios. Añoranzas y deseos desde siempre soñados, no siempre acompañados de los suficientes esfuerzos y, como era de esperar, nunca alcanzados. Pero si el justo vive de la fe, según afirmaba San Pablo, también es verdad que lo sostiene la esperanza. La misma que se basta de por sí para suministrar una primicia de la Perfecta Alegría y mantener en nuestro corazón encendida la llama de que algún día, en el momento quizá más inesperado, el Perfecto Amor llamará a nuestra puerta.

> *Y dando la labor por terminada,*
> *ni consumada ni aun menos empezada,*
> *el bardo enmudeció, no sin tristeza:*
> *¿Mas quién podrá cantar a la Belleza*
> *y loar con palabras su grandeza...?*
> *Y fuese al fin, en marcha apresurada,*
> *dejando atrás su péñola olvidada.* [154]

---

[154] *CFC*, 124.

Índice de Citas
del
Nuevo Testamento

Índice General

El Misterio de la Oración